Wassermann Vorhersagen Und Rituale 2024

Alina A. Rubi und Angeline Rubi

Über den Autor als

Literaturverzeichnis

Allgemeine Vorhersagen 2024

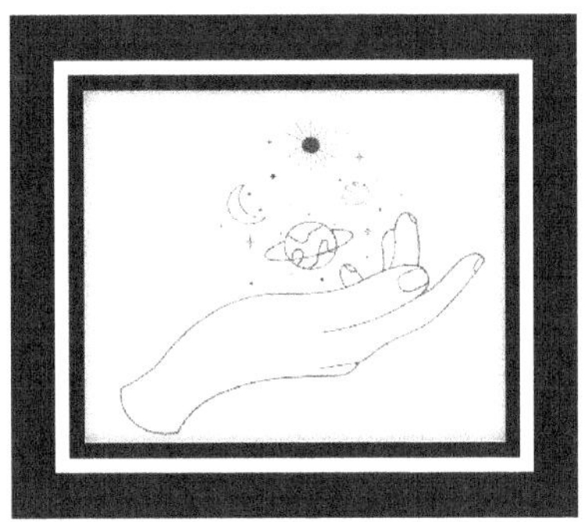

Das Jahr 2024 ist da! Ein bedeutendes Jahr auf astrologischer Ebene. Wir werden Zeuge von Ereignissen, die sich allgemein auf die Welt auswirken, eine Periode kollektiver Transformation steht bevor. Eine Zeit der Reflexion, Abstraktion, Bewertung und Trennung von dem, was nicht mehr funktioniert.

Wir werden eine Umstrukturierung der politischen Systeme erleben, die Veränderungen im Kräfteverhältnis, die Manifestation neuer politischer Trends und Veränderungen in der Funktionsweise von Behörden und Regierungen mit sich bringt.

Plutos Energie wird zu bedeutenden Veränderungen in der Wirtschaft führen, neue Branchen und Unternehmen werden entstehen, aber der Niedergang der etablierten wird sich fortsetzen. Es ist der Beginn eines neuen Wirtschaftszyklus mit viel Potenzial für Innovationen.

Pluto wird weiterhin katastrophale Auswirkungen auf die soziale Struktur der Länder haben. Alle Themen, die mit

Macht, Kontrolle und Autorität zu tun haben, werden in diesem Jahr auf der Titelseite der Nachrichten stehen. Dies wird dazu führen, dass sich neue Machtstrukturen herausbilden werden. Es ist der Beginn einer Ära mit mehr Werten und sozialem Bewusstsein.

Eine Verschiebung der Kräfte der Weltmacht steht bevor, denn die Rückkehr von Pluto bedeutet für die Vereinigten Staaten eine Zeit der Metamorphose. Dies bedeutet eine Veränderung des Kräftegleichgewichts zwischen allen Ländern der Welt, und wir werden das Auftauchen neuer Akteure auf globaler Ebene und die Umgestaltung der Weltbeziehungen erleben.

Am 20. Januar 2024 um 19:51 Uhr (EST) wechselt Pluto vom Steinbock in den Wassermann. Dies ist kein endgültiger Transit, denn Pluto wird in der Nähe des Tages der US-Wahlen in das Zeichen Steinbock zurückkehren und am 19. November 2024 wieder in den Wassermann wechseln. Diese Wahlen werden unvergesslich sein, da der Aufenthalt Plutos im Steinbock vom 1. September bis zum 19. November mit diesen Wahlen zusammenfällt. Dieser Transit verstärkt die Unsicherheit, das Misstrauen, das Dilemma und die Aufregung in der politischen Atmosphäre.

Im Vorfeld der Wahlen wird das Land mit ernsten und weitreichenden Fragen der Autorität und Demokratie konfrontiert werden. Das Ergebnis dieser Wahlen wird ein planetarisches Signal für den notwendigen Wandel und die notwendige Entwicklung sein. Es wird die Stimme der Themen des Transitplaneten Pluto sein.

Mit dem Übergang von Pluto in das Zeichen Wassermann werden sich auf globaler Ebene bedeutende Veränderungen vollziehen. Dieser Transit wird zu einer tiefgreifenden und umfassenden Analyse der Art und Weise führen, wie Autoritäten, Regierungen und soziale Methoden auf der ganzen Welt gehandhabt werden. Alle Machtstrukturen werden zerstört und etablierte Normen werden in Frage gestellt. All diese Veränderungen werden sich schrittweise vollziehen.

All diese astrologischen Ereignisse werden uns auf persönlicher Ebene beeinflussen. Alle globalen Veränderungen neigen dazu, uns zu motivieren, als Individuen zu wachsen. Wenn Sie die Themen und Energien, die dabei im Spiel sind, verstehen können, haben Sie die Möglichkeit, sich auf Veränderungen vorzubereiten, die Sie direkt betreffen könnten.

In dem Maße, in dem die Welt diesen gesellschaftlichen Wertewandel erlebt, werden sich auch unsere eigenen Werte verändern. Dazu gehört, dass wir unsere Überzeugungen, Prioritäten und Denkweisen neu bewerten. In dem Maße, in dem sich unsere Werte ändern, werden wir mit Menschen zu tun haben, die unsere Überzeugungen teilen, und das ist eine Gelegenheit, unsere derzeitigen Beziehungen zu analysieren.

Die finanziellen Veränderungen, die sich aus diesen Einflüssen ergeben, werden neue Möglichkeiten auf beruflicher Ebene schaffen, da neue Branchen entstehen werden. Sie müssen über neue wirtschaftliche Trends informiert bleiben, damit Sie in diesen sich entwickelnden Systemen erfolgreich sein können.

Plutos offizieller Eintritt in den Wassermann beginnt am 19. November 2024. Pluto deformiert, korrumpiert und transformiert die Themen des Planeten, der das Zeichen regiert, durch das er hindurchgeht. Diese Themen durchlaufen einen Prozess von Tod und Wiedergeburt und werden am Ende für immer verändert.

Das Zeichen Wassermann steht in Verbindung mit Wissenschaft, wissenschaftlichen Entdeckungen, Technologie, dem Kosmos, politischen und sozialen Revolutionen, gesellschaftlichen Veränderungen und liberalen Ideen.

Zu den möglichen Ereignissen von Pluto im Wassermann gehört ein breites Spektrum an technologischen und wissenschaftlichen Durchbrüchen. Viele spezifische Durchbrüche im Bereich der künstlichen Intelligenz und der Nanotechnologie werden sich abzeichnen. Wir werden eine industrielle Revolution erleben, vergessen wir nicht, dass das Zeichen Wassermann die Technik regiert. Wir werden sehr bemerkenswerte Ereignisse im Zusammenhang mit der Raumfahrt, der Existenz von Außerirdischen und der Einführung von Technologien erleben, die unsere Abhängigkeit vom Öl verringern werden.

Eine weitere Veränderung, die dieser Transit mit sich bringt, betrifft die Struktur der Macht, die Freiheit und die Möglichkeit, den Unterdrückten eine Stimme zu geben. Mit Pluto im Wassermann kommt ein Wirbelsturm politischer Entwicklungen auf uns zu, und es ist kein Geheimnis, dass autoritäre Regime weit verbreitet sind. Die politische Spaltung, die wir in den Vereinigten Staaten erlebt haben, wird sich weiter beschleunigen. Machtkämpfe und die Gründung neuer politischer Parteien werden weitergehen.

Es wird zu einer Trennung der charakteristischen Prototypen der Macht kommen, da die Beherrschten mehr Macht und Anspruch auf Gerechtigkeit erhalten.

Kurzum, ein völlig unbekannter Zyklus ist im Gange. Das Jahr 2024 ist ein Tor zu einer anderen Dimension. Die drei äußeren Planeten Jupiter, Saturn, Uranus und Neptun. Sie werden zusammenarbeiten, um uns zu helfen, eine völlig andere Realität zu schaffen. Uranus, Neptun und Pluto werden sich zusammentun, um unser Bewusstsein anzuheben und das Wassermannzeitalter zu zementieren.

Wir sind gesegnet, dass Technologie und Spiritualität uns bei diesen Veränderungen hin zu einer völlig anderen Welt unterstützen werden, in der Originalität und persönliche Entwicklung vorherrschen, wenn mehr

Menschen erwachen und sich von der mentalen Unterdrückung lösen, der sie ausgesetzt waren.

Wir müssen vernünftig sein und uns daran erinnern, dass, damit dieser neue Zyklus voranschreiten kann, alle veralteten Strukturen weiter zusammenbrechen müssen, wie es seit 2021 geschieht. Saturn, der unbarmherzige Meister, überwacht diesen Prozess, während er durch die Fische läuft, und Jupiter reicht ihm seine gütige Hand.

Die Mondknoten auf der Widder- und Waage-Achse werden weiterhin giftigen, missbräuchlichen und abhängigen Beziehungen ein Ende setzen.

Vergessen Sie nicht, dass die Astrologie eine Rolle bei der Ausrichtung der Ereignisse spielt, zusammen mit den menschlichen Verhaltensweisen. Besonnenheit und Anpassung sind entscheidende Eigenschaften für die Chancen und Herausforderungen des Jahres 2024.

Die Verschmelzung von astrologischem Wissen mit gelebten Erfahrungen wird es uns ermöglichen, uns auf eine leuchtende Zukunft zuzubewegen.

Denken Sie daran, dass sich die Welt verändert und Sie sich mit ihr verändern können. Wenn Sie sich dem Wandel nicht widersetzen, werden Sie das Jahr 2024 bei guter Gesundheit überstehen.

Wassermann

Wassermann, symbolisiert durch den Wasserträger, der der Erde Leben gibt, ist ein ehrenvolles Luftzeichen.

Er ist fortschrittlich und rebellisch und will die Ordnung aufrütteln. Der Wassermann glaubt an Gerechtigkeit und Fairness, und für diesen Denker ist alles sozial oder politisch.

Er glaubt, dass jede Aktion eine Reaktion hat und dass alle seine Entscheidungen auch eine Moral widerspiegeln. Im Herzen rebellisch, verachtet dieses Luftzeichen Autoritäten und lehnt alles ab, was für Konventionalität steht.

Er ist der festen Überzeugung, dass ein Perspektivwechsel dem Gemeinwohl zugutekommt, und scheut sich nicht, ein paar Töne anzuschlagen, wenn es um soziale Gerechtigkeit geht.

Diese ungewöhnliche Lebensweise inspiriert die Menschen in seiner Umgebung, und er beweist gerne, dass man immer große Träume haben kann. Wenn Sie bei einem Projekt auf eine Straßensperre gestoßen sind, hat der Wassermann die Lösung.

Wassermann wird von Uranus regiert, dem Planeten, der für Innovation, Technologie und einschneidende Ereignisse zuständig ist.

Er hat ein Händchen für den Fortschritt, weshalb er oft als das Wunderkind des Tierkreises bezeichnet wird. Intelligent und begierig auf Veränderungen, ist er der modernen Gesellschaft immer zwei Schritte voraus. Seine Dickköpfigkeit ist seine Achillesferse.

Die Beharrlichkeit des Wassermanns hängt eindeutig mit seinen starken und gerechten Überzeugungen zusammen, und diese Eigenschaft wird unterdrückt, sobald er die Gelegenheit hat, positive Veränderungen zu verkünden.

Da der Wassermann stets auf Gleichheit bedacht ist, arbeitet er gern in Teams und Gemeinschaften von Gleichgesinnten.

Der Wassermann braucht viel Raum, um nachzudenken, Ideen zu entwickeln und seine Rolle in dem zu planen, wofür er sich einsetzt, denn Freiheit, sowohl in der Theorie als auch in der Praxis, ist für dieses Zeichen sehr wichtig.

In der Tat ist jeder, der die Freiheit des Wassermanns in Frage stellt, sein Gegner. Sie sehen, es ist schwierig, eine Romanze mit dem Wassermann zu führen, da er sich auf die Gesellschaft konzentriert und nicht auf Smalltalk mit einer Person. Doch auch wenn er es nicht zugeben will, ist er ein heißblütiger Mensch, der auch Zuneigung braucht.

Da der Wassermann nicht so ein körperliches Wesen ist, ist die Liebe eher wie eine Freundschaft, er liebt es, frei zu denken, daher ist seine Herangehensweise an eine Beziehung unkonventionell.

Aber denken Sie auch daran, dass der Wassermann der Meinung ist, dass jedes Interesse und jedes Hobby die Ethik einer Person widerspiegeln, also sollten Sie genau herausfinden, was ihm Spaß macht, bevor Sie etwas reservieren.

Das Wichtigste, was man bei einer Beziehung mit einem Wassermann beachten sollte, ist, dass er viel persönlichen Freiraum braucht. Zeit für sich selbst ist für dieses Sternzeichen essenziell, er wird sogar rebellieren, wenn er sich eingesperrt fühlt.

Im Zweifelsfall sollten Sie sich zurückziehen und warten, bis der Wassermann zu Ihnen kommt. Denken Sie daran, obwohl er distanziert ist, die Wahrheit ist, dass er eine Menge über Sie kümmert, er hat nur seine einzigartige Art, diese Gefühle auszudrücken.

Da der Wassermann exzentrisch ist, hasst er es, in eine Schublade gesteckt und kategorisiert zu werden, und ist besonders von Menschen begeistert, die einen unkonventionellen Stil haben und verschiedene Erscheinungsbilder miteinander kombinieren.

Mit seinem hoch erhobenen Kopf ist es kein Wunder, dass dieses Sternzeichen den Ruf hat, in intimen Beziehungen unnahbar zu sein.

Doch obwohl er sich oft mehr mit dem Abstrakten als mit fleischlichen Wünschen beschäftigt, sollte man sich nicht täuschen lassen, denn der Wassermann liebt das Vergnügen und weiß, was er will.

Stimulieren Sie Ihren Wassermann-Liebhaber, indem Sie die Rollen tauschen, mit verborgenen Wünschen experimentieren und neue Wege erforschen, Ihre individuelle Sexualität auszudrücken. Da der Wassermann technikaffin ist, werden die neuesten Vergnügungsgeräte ihn oder sie mehr anregen als Ihre Fantasien.

Obwohl es schwierig ist, ihr Bedürfnis nach Freiheit mit den Bedürfnissen der Beziehung in Einklang zu bringen, verstehen Wassermänner, wenn sie sich binden, dass alles eine Verhandlung ist.

Im Grunde genommen möchte er, dass die Dinge gleichberechtigt sind und nicht, dass seine Vorlieben die Beziehung dominieren. Wenn Sie also eine Beziehung mit *einem Wassermann führen, sollten Sie damit experimentieren, gemeinsam verschiedene Parameter zu schaffen.*

Denken Sie daran, dass eine gelegentliche Trennung nicht zwangsläufig eine emotionale Distanz bedeutet; eine kleine Trennung trägt dazu bei, die Liebe und das Vertrauen zu vertiefen und den Grundstein für eine konkrete Beziehung zu legen.

Es ist auch wichtig zu bedenken, dass der Wassermann, auch wenn er seine Gefühle auf ungewöhnliche Weise ausdrückt, Gefühle hat, sein Bestes tut, um ein aufmerksamer und freundlicher Partner zu sein, und auf Ihre Unterstützung angewiesen ist.

Allgemeines Horoskop von Wassermann

Willkommen an Bord des Wassermanns. 2024 wird ein Jahr mit viel Spaß und alle Ihre Wünsche werden dank der planetarischen Ereignisse, die in Ihrem Sternzeichen stattfinden, erfüllt werden.

In diesem Jahr werden Sie sich ganz auf sich selbst konzentrieren und eine neue Identität und persönliche Herausforderungen definieren, ohne sich von den Erwartungen der Menschen um Sie herum beeinflussen zu lassen. In diesem Jahr werden Sie die Unterstützung Ihrer Familie und Freunde haben.

Ihre Finanzen werden eine Achterbahnfahrt erleben, daher sollten Sie mit Geldanlagen vorsichtig sein, denn es kann zu Verlusten und Problemen kommen. Es wird Situationen geben, die Sie lieber vermeiden würden. Es ist möglich, dass Ihre Glaubwürdigkeit in Frage gestellt wird, was Ihrem Ansehen schaden wird. Einige Menschen in Ihrem Umfeld und Arbeitskollegen werden Sie enttäuschen, weil sie Sie Intrigen und Lügen aussetzen. Versuchen Sie, in diesen Situationen geduldig zu sein, damit alles gut ausgeht.

In diesem Jahr werden Sie einige wichtige Lektionen erhalten, deshalb müssen Sie geduldig sein und sich nicht um Kleinigkeiten kümmern.

Wenn Sie alleinstehend sind, könnten Sie einen Ihrer Seelenverwandten treffen und sehr tiefe Verbindungen eingehen. Sie werden immense Möglichkeiten haben, erfolgreich zu sein, aber Sie werden einige wichtige Entscheidungen in Bezug auf das Geschäft treffen müssen, und einige müssen sich vielleicht wegen ihrer Arbeit von ihrer Familie trennen.

Sie müssen auf Ihre Gesundheit achten und sich ständig um gute Gewohnheiten bemühen, sich von ungesunden Ernährungsgewohnheiten fernhalten und eine gesunde Routine in Verbindung mit körperlichen Übungen einhalten. Sie sollten sich von allem fernhalten, was Ihnen Stress und Spannungen bereitet, da dies Ihre emotionale Gesundheit beeinträchtigen könnte. Wenn Sie unter Schlaf- und Ruheproblemen leiden, nehmen Sie keine Medikamente ein, sondern versuchen Sie, zu meditieren.

Pluto wird 2024 in Ihr Zeichen zurückkehren und Ihnen helfen, Ihre persönliche Kraft zu finden und Ihren Willen zu stärken. Sie können das pflegen, wofür Sie sich begeistern, mehr Fülle in Ihr Leben bringen und kreativer sein. Sie werden selbstbewusster sein, und Ihre Kraft wird stark sein. Du wirst dich von nichts und niemandem unterkriegen lassen. Das ist auch gut für Geldangelegenheiten und kann Ihren Wohlstand steigern. Es werden sich neue Möglichkeiten ergeben, und ein ganz neues Kapitel in Ihrem Leben könnte auf Sie warten.

Während der Vollmondphasen sollten Sie auf Ihre emotionalen Bedürfnisse achten, da Sie dann empfindlicher und frustrierter sein könnten. Kümmern Sie sich um sich selbst und Sie werden sich ruhig fühlen können. Versuchen Sie, sich auf die Liebe zu konzentrieren, und lassen Sie sich nicht von äußeren Umständen deprimieren. Sie sollten in Ihren persönlichen und sentimentalen Beziehungen Abstand nehmen, damit Sie Ihre Verpflichtungen in Kenntnis der Sachlage angehen können. Sie müssen verstehen, dass viele Menschen nicht so denken wie Sie.

Familienkonflikte werden überholt sein, da wichtige Vereinbarungen in Ihrem Haus getroffen werden.

Sie werden mehrere Trennungen mit giftigen Menschen haben, wenn Sie einen Partner haben, wird es viele Schwierigkeiten geben, weil eine dritte Person in Ihre Entscheidungen einbezogen wird. Es ist wichtig, dass Sie diesen Konflikt lösen.

Wenn Sie keinen Partner haben, ist dies das Jahr, um sentimentale Phasen abzuschließen, sich neu zu verlieben und die Liebe in vollen Zügen zu leben.

Nutzen Sie während der Finsternis Periode Ihr gesamtes berufliches Wissen, um Ihren Weg zu gestalten. Geben Sie nicht vor, unwissend zu sein, weil Sie befürchten, Ihr Wissen nicht ausdrücken zu können, sondern zeigen Sie, dass Sie professionell sind.

Liebe

Ein Jahr mit viel Liebe, indem du erkennen wirst, dass Herzenskummer bedeutungslos ist, wenn du gute Menschen an deiner Seite hast.

Wenn Sie keinen Partner haben, ist da eine Melancholie, die Sie daran hindert, voranzukommen und neue Menschen zu treffen. Der Geschmack einer vergangenen Liebe hat eine tiefe Wunde hinterlassen. Verlassen Sie die Opferrolle, in der Sie sich so wohl fühlen, Sie verdienen mehr als das, und es wird jemand in Ihr Leben treten, der es Ihnen verständlich macht.

Jede vergangene Liebe muss vergessen werden, und wenn die Leidenschaft in Ihr Leben tritt, werden Sie bedauern, dass Sie es nicht früher gewagt haben, diese Verhaltensmuster zu durchbrechen.

Diejenigen, die einen Partner haben, werden im Laufe des Jahres davon profitieren, denn sie werden den Groll über Differenzen oder Fehler, die jeder von ihnen begangen hat, hinter sich lassen und ein positiveres Jahr der Romantik und Leidenschaft erleben. Natürlich wird es einige unwichtige Missverständnisse geben, die dem Paar Unbehagen bereiten, aber alles wird nach langen Gesprächen und Vereinbarungen, von denen beide Parteien profitieren werden, geklärt werden.

Wirtschaft

In diesem Jahr können Sie Ihre Wirtschaft konsolidieren und weitere Techniken in Ihrem Beruf erlernen, die Ihnen zum Erfolg verhelfen werden.

Wenn Sie auf der Suche nach einer Stelle sind, sollten Sie alle Ihre Möglichkeiten ausschöpfen, um eine Stelle zu finden, vielleicht erhalten Sie sogar eine Empfehlung von jemandem, den Sie kennen. Der beste Weg zum Erfolg ist, sich an Veränderungen anzupassen und Probleme zu lösen, ohne dabei die Geduld zu verlieren.

Dies ist ein Jahr des Überflusses, in dem Sie in der Lage sein werden, etwas Wertvolles zu kaufen, das Sie schon immer haben wollten, ein Haus oder in ein Unternehmen zu investieren. Einige der finanziellen Herausforderungen werden Sie durch Ihre Kreativität überwinden können.

Geldprobleme können gelöst werden, wenn Sie einen Haushaltsplan aufstellen und Wege finden, Ihre Mittel besser zu verwalten. Vielleicht bekommen Sie einen Bonus oder haben Glück beim Glücksspiel.

Vielleicht beschließen Sie, ein neues Auto zu kaufen, oder Sie erhalten Vorteile oder Chancen durch kurze Reisen, Nachrichten, E-Mails oder Kontakte mit Kollegen und Nachbarn. Halten Sie Ihre Augen offen für Gelegenheiten.

Familie

Sie werden für Ihre Familie unentbehrlich sein, und das wird eine Menge Zeit in Anspruch nehmen, die Sie dem Vergnügen widmen könnten. Ihr Verantwortungsbewusstsein wird maximal gefordert werden, und Sie werden die Möglichkeit haben, ein Beispiel zu sein, dem man folgen kann, etwas, das Sie gerne tun. Denken Sie daran, dass Ihre Familie wissen muss, dass sie sich auf Sie verlassen kann; wenn Sie distanziert sind und den Anschein von Überlegenheit erwecken, wird es schwierig sein.

Uranus durchquert Ihr Wohngebiet, und das kann Veränderungen in Ihrem Familienleben bedeuten. Vielleicht ziehen Sie auch in eine größere Wohnung um, wenn Jupiter Anfang Mai durch diesen Bereich läuft.

Während der Vollmondphasen werden Sie häusliche Projekte abschließen, aber vielleicht müssen Sie auch familiäre Probleme lösen.

Sie werden eine psychologische Metamorphose durchlaufen, und Sie werden Zeuge einer geistigen Erneuerung auf familiärer Ebene.

Wassermann Gesundheit

In diesem Jahr werden Sie feststellen, dass Sie sich in einigen Entscheidungen geirrt haben, lassen Sie sich deswegen nicht deprimieren. Sie müssen erwachsen werden, reifen, sich trauen, Ihren Lebensstil zu ändern und festere Entscheidungen zu treffen, um eine optimale Gesundheit zu erreichen.

Möglicherweise müssen Sie in den Operationssaal, aber das ist nur ein kleiner Eingriff, und Sie werden sich schnell erholen.

Sie müssen Ihren Organismus entschlacken und reinigen, Ihren Dickdarm, Ihren Magen und Ihre Gallenblase pflegen. Sie sollten zu einem Chiropraktiker gehen, um Ihre Knochen durch Fußreflexzonenmassage einstellen zu lassen. Yoga und Meditation werden Ihnen helfen, Ihren Körper körperlich und geistig auszugleichen.

Sie sollten mäßig Sex haben, Ihre Stunden schlafen und sich von Verantwortungen trennen.

Wichtige Termine

20.01. Sonne tritt in Wassermann ein.

21.01. Pluto tritt in den Wassermann ein.

02/ 09- Neumond in Wassermann

02/ 13- Mars tritt in den Wassermann ein

02/ 16- Venus tritt in den Wassermann ein

05/02- Pluto rückläufig in Wassermann

06/ 29- Saturn rückläufig in den Fischen

19.08. - Vollmond im Wassermann

11/ 19- Pluto tritt in den Wassermann ein

Einführung

In diesem Buch bieten wir Ihnen verschiedene Zaubersprüche und Rituale an, damit Sie im Jahr 2024 wirtschaftlichen Reichtum in Ihr Leben ziehen können, denn dies wird ein Jahr mit vielen Herausforderungen sein.

Wenn alles bergab zu gehen scheint, kommt geistliche Hilfe zur rechten Zeit.

Magie funktioniert. Die meisten erfolgreichen Menschen, ob Sie es glauben oder nicht, praktizieren sie, natürlich werden sie es Ihnen nicht sagen. Sie haben ihre Triumphe erreicht, weil sie einige der Rituale, die wir Ihnen in diesem Buch anbieten, sorgfältig durchgeführt haben.

Wenn Sie es leid sind, in den letzten Jahren in der Liebe zu scheitern, haben Sie das richtige Buch erworben, denn Ihr Liebesleben wird sich völlig verändern, wenn Sie die von uns empfohlenen Rituale durchführen.

Gesundheitszauber und weißmagische Rituale werden Ihnen helfen, Ihre Gesundheit zu erhalten oder zu verbessern, aber vergessen Sie nie, dass sie weder einen Arzt noch die von ihm verschriebenen Behandlungen ersetzen können.

Gesundheitszauber sind in der Welt der Magie sehr beliebt, nach Liebes- oder Geldzaubern sind Gesundheitszauber aufgrund ihrer hohen Wirksamkeit sehr gefragt, obwohl sie nicht einfach zu wirken sind, denn Gesundheit ist ein heikles Thema.

Es gibt unendlich viele Gründe, warum ein Ritual oder ein Zauberspruch nicht funktioniert, und ohne es zu merken, machen wir Fehler.

Rituelle Energie wird verschwendet, wenn zu viele Menschen wissen, was man tut.

Um positive Ergebnisse zu erzielen, müssen wir sie zum richtigen Zeitpunkt anwenden.

Diese magischen Perioden haben mit der Astrologie zu tun, und wir müssen sie kennen und unsere Rituale für diese Zeiträume programmieren, die am besten geeignet sind, um unsere Magie durchzuführen.

Geld.

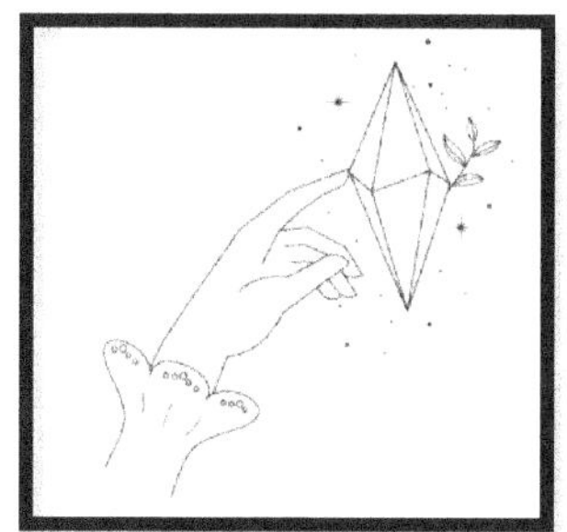

Manchmal liegt der wichtigste Grund, warum wir nicht genug Geld haben, nicht in unserer mangelnden Berufsausbildung, unserem Glück oder unserem Schicksal. Er liegt in unserem Unterbewusstsein. Du ziehst an, was du bist. Wenn du wirklich glaubst, dass du es verdienst, genug Geld zu haben, wirst du diese Schwingung an das Universum senden und Geld wird in dein Leben fließen.

Wenn Sie unbewusst glauben, dass Geld schwer zu finden ist oder dass es nur für die wenigen Glücklichen da ist, blockieren Sie den Geldkreislauf in Ihrem Leben.

Finanzielle Wohlstandsblockaden resultieren aus tief verwurzelten Vorstellungen von Armut.

Viele von uns wurden darauf programmiert zu glauben, dass wir hart arbeiten müssen, um ein wohlhabendes Leben zu führen.

Die Wahrheit ist, dass Sie nicht den ganzen Tag hart arbeiten müssen, um in den Genuss von finanziellem Reichtum zu kommen. Sie müssen intelligent arbeiten, damit Sie finanziellen Reichtum und Wohlstand anziehen.

Eine wichtige Voraussetzung, um Wohlstand anzuziehen, ist es, für Ihren Job oder andere Einkommensquellen, die Sie haben, dankbar zu sein, auch wenn Sie sie jetzt nicht mögen, seien Sie dankbar dafür, dass sie Ihnen helfen, finanziell abgesichert zu bleiben.

Jedes Mal, wenn Sie Geld erhalten, egal wie klein der Betrag ist, danken Sie dem Universum dafür. Wenn ihr euer Bankkonto seht, seid dankbar für das Geld, das in eurem Leben zirkuliert.

Dankbarkeit für das, was Sie haben, hilft Ihnen nicht nur, alles, was Sie haben, zu schätzen und zu genießen, sondern auch, mehr davon in Ihr Leben zu holen.

Januar 2024

Sonntag	Montag	Dienstag	Mittwoch	Donnerstag	Freitag	Samstag
	1	2	3	4	5	6
7	8	9	10	11 Neumond	12	13
14	15	16	17	18	19	20
21	22	23	24	25 Vollmond	26	27
28	29	30	31			

11. Januar 2024, Steinbock-Neumond 20°44'.

25. Januar 2024, Vollmond   Löwe5°14

Die besten Geld-Rituale

Donnerstag, 11. Januar 2024 *(Jupiter-Tag). Neumond in Steinbock, ein Zeichen der Stabilität. Ein guter Tag, um unsere Ziele zu organisieren, unsere Berufungen, unsere Karriere, um Auszeichnungen zu erhalten. Um eine Gehaltserhöhung zu bitten, um Präsentationen zu halten, öffentlich zu sprechen. Für Zaubersprüche, die mit Arbeit oder Geld zu tun haben. Rituale im Zusammenhang mit Beförderungen, Beziehungen zu Vorgesetzten und dem Erreichen von Erfolg.*

Donnerstag, 25. Januar 2024 *(Venus tag) Günstig für Geldzauber, Liebe und rechtliche Angelegenheiten. Rituale im Zusammenhang mit Wohlstand und dem Erhalt von Arbeitsplätzen.*

Ritual für Glück im Glücksspiel

Auf einem Lotterieschein schreiben Sie den Geldbetrag, den Sie gewinnen möchten, auf die Vorderseite des Scheins und auf die Rückseite Ihren Namen. Verbrenne

den Schein mit einer grünen Kerze. Sammle die Asche in einem lila Papier und vergrabe sie.

Geld verdienen mit der Mondschale. Vollmond

Sie benötigen:
- 1 Kristallglas
- 1 großer Teller
- Feiner Sand
- Gold-Glitzer
- 4 Tassen Meersalz
- 1 Malachit-Quarz
- 1 Tasse Meer-, Fluss- oder heiliges Wasser
- Zimtstangen oder Zimtpulver
- Getrocknetes oder frisches Basilikum
- Frische oder getrocknete Petersilie
- Maiskörner
- 3 Geldscheine des aktuellen Nennwerts

Lege die drei gefalteten Geldscheine, Zimtstangen, Maiskörner, Malachit, Basilikum und Petersilie in das Glas. Mischen Sie den Glitter mit dem Sand und geben Sie ihn in das Glas, bis es vollständig gefüllt ist. Platziere im Licht des Vollmonds den Teller mit den vier Schalen Meersalz.

Stellen Sie die Tasse in die Mitte des Tellers, umgeben vom Salz. Gießen Sie die Tasse mit heiligem Wasser auf den Teller, so dass es das Salz gut befeuchtet, lassen Sie es die ganze Nacht im Licht des Vollmonds und einen Teil des Tages, bis das Wasser verdampft und das Salz wieder trocken ist.

Geben Sie vier oder fünf Salzkörner in das Glas und gießen Sie den Rest ein.

Nehmen Sie die Tasse mit in Ihre Wohnung, an einen sichtbaren Ort oder dorthin, wo Sie Ihr Geld aufbewahren.

An jedem Vollmondtag verteilst du ein wenig von dem Inhalt des Bechers in jeder Ecke deines Hauses und fegst ihn am nächsten Tag auf.

Die besten Rituale für die Liebe

Freitag, 19. Januar 2024 (Venus-Tag). Geeignet für Zauber oder Rituale im Zusammenhang mit Liebe, Verträgen und Partnerschaften.

Zauberspruch zur Versüßung Ihrer Geliebten

Du schreibst den vollen Namen der Person, die du liebst, und deinen Namen siebenmal auf braunes Papier.

Sie legen dieses Papier in ein Kristallglas und geben Honig, Zimt, einen Rosenquarz und Stücke von Orangenschalen hinein.

Während du das Ritual durchführst, wiederhole in deinem Kopf: "Ich süße dich und nur wahre Liebe herrscht zwischen uns". Bewahre es an einem dunklen Ort auf.

Ritual zur Anziehung der Liebe

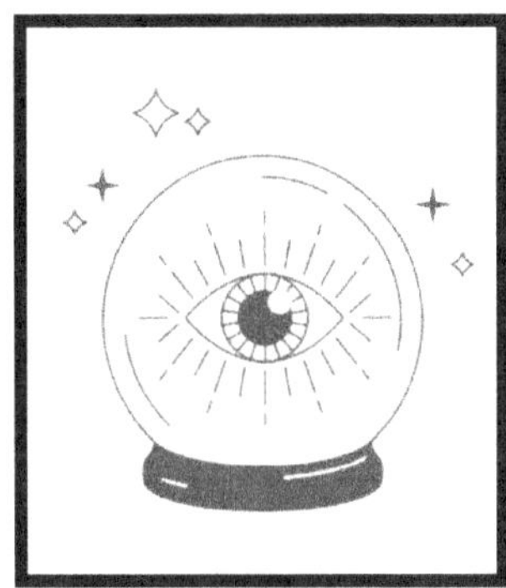

Sie benötigen.

- Rosenöl

- 1 Rosenquarz

- 1 Apfel

- 1 rote Rose in einer kleinen Vase

- 1 weiße Rose in einer kleinen Vase

1 lange rote Schleife

- 1 rote Kerze

Für maximale Wirksamkeit sollte dieses Ritual an einem Freitag oder Sonntag zur Zeit des Planeten Venus oder Jupiter durchgeführt werden.

Sie müssen die Kerze vor Beginn des Rituals mit Rosenöl weihen. Zünde die Kerze an. Schneiden Sie den Apfel in zwei Teile und stellen Sie einen in die rote und den anderen in die weiße Rosenvase. Binde das rote Band um die beiden Vasen. Lassen Sie sie die ganze Nacht neben der Kerze stehen, bis die Kerze ausgebrannt ist. Während Sie diese Operation durchführen, wiederholen Sie in Ihrem Geist: "Möge die Person, die dazu bestimmt ist, mich glücklich zu machen, auf meinem Weg erscheinen, ich empfange und akzeptiere sie".

Wenn die Rosen getrocknet sind, vergraben Sie sie zusammen mit den Apfelhälften in Ihrem Garten oder in einem Topf mit dem Rosenquarz.

Um eine unmögliche Liebe anzuziehen

Sie benötigen:
- 1 rote Rose
- 1 weiße Rose
- 1 rote Kerze
- 1 weiße Kerze
- 3 gelbe Kerzen
- Glasbrunnen
- Pentagramm # 4 der Venus

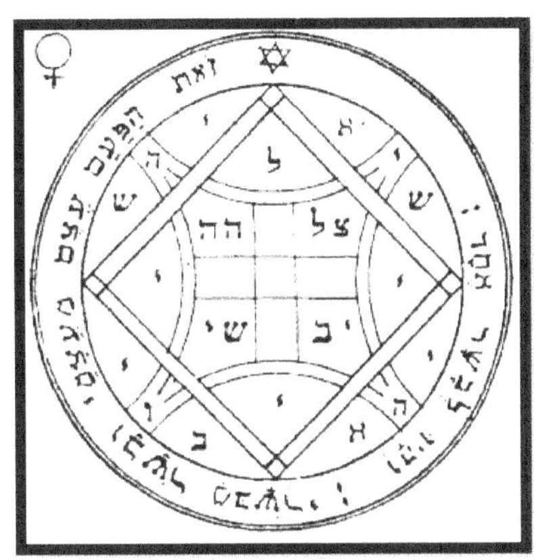

Pentagramm #4 der Venus.

Sie müssen die gelben Kerzen in Form eines Dreiecks aufstellen. Schreiben Sie auf die Rückseite des Venus-Pentagramm Ihre Liebeswünsche und den Namen der Person, die Sie in Ihrem Leben haben möchten, und stellen Sie den Brunnen auf das Pentagramm in der Mitte. Zünden Sie die rote und die weiße Kerze an und stellen Sie sie zusammen mit den Rosen in den Springbrunnen. Sie wiederholen diesen Satz: "Das Universum lenkt das Licht der Liebe von (vollständiger Name) in mein Herz".

Dies wiederholst du dreimal. Wenn die Kerzen erloschen sind, bringst du alles in den Hof und vergräbst es.

Die besten Rituale für die Gesundheit

Dienstag, 30. Januar 2024 (Mars-Tag). *Um sich zu schützen oder die Gesundheit wiederherzustellen.*

Zauberspruch zum Schutz der Gesundheit unserer Haustiere.

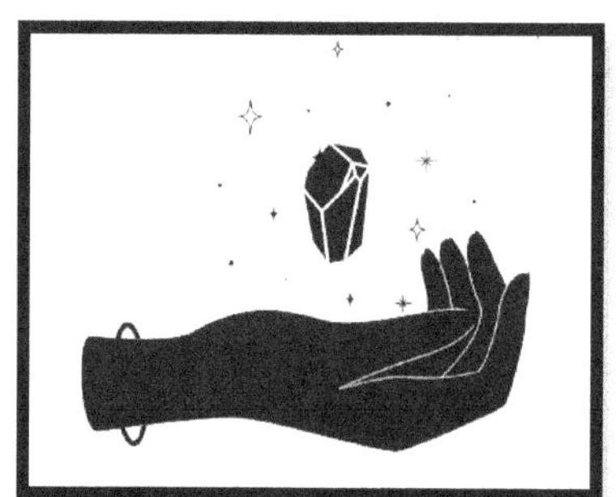

Mineralwasser, Thymian, Rosmarin und Minze aufkochen. Nach dem Abkühlen in eine Sprühflasche geben und vor eine grüne und eine goldene Kerze stellen.

Wenn die Kerzen aufgebraucht sind, sollten Sie dieses Spray neun Tage lang auf Ihr Haustier auftragen. Vor allem auf Brust und Rücken.

Sofortiger Verbesserungszauber

Du musst eine weiße Kerze, eine grüne Kerze und eine gelbe Kerze besorgen.

Du weißt sie (von der Basis bis zum Docht) mit Kiefernessenz und stellst sie auf einen Tisch mit einem hellblauen Tischtuch in Form eines Dreiecks.

In die Mitte stellen Sie einen kleinen Glasbehälter mit Alkohol und einen kleinen Amethysten.

Am Boden des Behälters einen Zettel mit dem Namen des Kranken oder ein Foto mit seinem vollen Namen auf der Rückseite und seinem Geburtsdatum.

Sie zünden die drei Kerzen an und lassen sie brennen, bis sie vollständig verbrannt sind.

Stellen Sie sich bei der Durchführung dieses Rituals vor, dass die Person völlig gesund ist.

Schlankheitszauber

Du musst dir mit einer Nadel in den Finger stechen und 3 Tropfen deines Blutes und einen Löffel Zucker auf ein weißes Papier geben, dann das Papier schließen und das Blut mit dem Zucker umwickeln.

Sie legen dieses Papier in ein neues Glasgefäß, füllen das Glas bis zur Hälfte mit Ihrem Urin, lassen es über Nacht vor einer weißen Kerze stehen und vergraben es am nächsten Tag.

Rituale für den Monat Februar

Februar 2024

Sonntag	Montag	Dienstag	Mittwoch	Donnerstag	Freitag	Samstag
				1	2	3
4	5	6	7	8	9 Neumond	10
11	12	13	14	15	16	17
18	19	20	21	22	23 Vollmond	24
25	26	27	28	29		

9. Februar 2024, Wassermann-Neumond 20°40'.

23. Februar 2024, Vollmond Jungfrau 5°22'.

9. Februar 2024 (Venus-Tag). In dieser Phase arbeiten wir daran, etwas zu vermehren oder anzuziehen. In diesem Zyklus machen wir Anfragen für die Liebe zu kommen, um das Geld auf unseren Konten oder unsere Arbeit Prestige zu erhöhen.

Ritual zur Steigerung der Kundenzahl. Gambische Mondsichel

Sie benötigen:
- 5 Weinrautenblätter
- 5 Eisenkrautblätter
- 5 Rosmarinblätter
- 5 Körner grobes Meersalz
- 5 Kaffeebohnen
- 5 Weizenkörner
- 1 Magnetstein
- 1 weiße Stofftasche
- Roter Faden
- Rote Tinte
- 1 Visitenkarte
- 1 Topf mit einer großen Grünpflanze

- 4 Citrin-Quarz

Legen Sie alle Materialien in die weiße Tüte, außer dem Magneten, der Karte und den Zitrinen. Nähen Sie die Tüte mit rotem Faden zu und schreiben Sie dann den Namen des Unternehmens mit roter Tinte auf die Außenseite. Legen Sie die Tüte eine Woche lang unter den Tresen oder in eine Schublade Ihres Schreibtisches.

Nach dieser Zeit vergräbst du ihn zusammen mit dem Magnetstein und der Visitenkarte auf dem Boden des Topfes. Zum Schluss legst du die vier Zitrinen auf die Erde des Topfes in Richtung der vier Himmelsrichtungen.

Wohlstandszauber

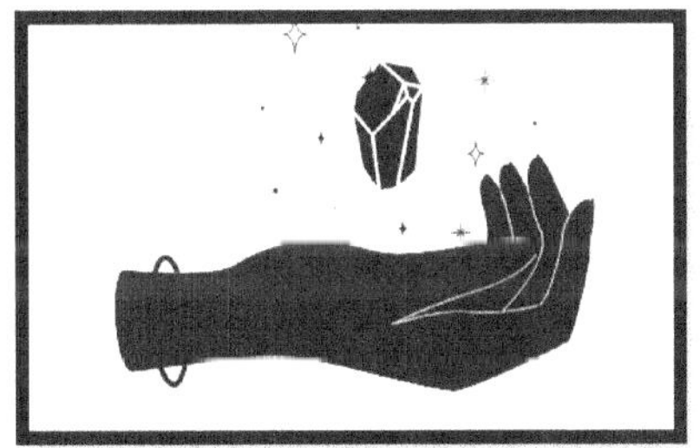

Sie benötigen:

- 3 Schwefelkies oder Citrin quarz

- 3 Goldmünzen

- 1 goldene Kerze

- 1 rotes Säckchen

Am ersten Tag des Neumonds stellst du einen Tisch in der Nähe eines Fensters auf, auf den du die Münzen und den Quarz in Form eines Dreiecks legst. Sie zünden die Kerze an, stellen sie in die Mitte und wiederholen mit Blick zum Himmel dreimal das folgende Gebet:

"Mond, der mein Leben erhellt, nutze die Macht, die du hast, um Geld zu mir zu ziehen und diese Münzen zu vermehren."

Wenn die Kerze verbrannt ist, lege die Münzen und den Quarz mit der rechten Hand in den roten Beutel und trage ihn immer bei dir, er wird dein Talisman sein, um Geld anzuziehen, niemand sollte ihn berühren.

Die besten Rituale für die Liebe
11., 22., 25. Februar 2024. Für Zaubersprüche oder Rituale im Zusammenhang mit Liebe, Verträgen und Partnerschaften.

Ritual zur Festigung der Liebe

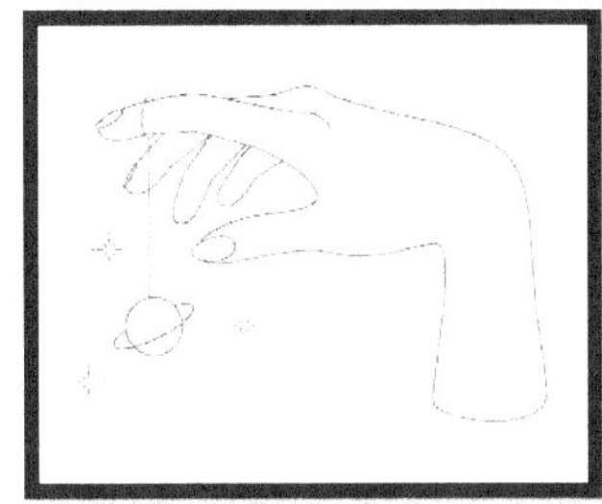

Dieser Zauber ist während der Vollmondphase am wirksamsten.

Sie benötigen:
- 1 Holzkiste
- Fotografien
- Honig
- Rote Rosenblütenblätter
- 1 Amethyst-Quarz
- Zimtstange

Nehmen Sie die Fotos, schreiben Sie ihre vollständigen Namen und Geburtsdaten auf und legen Sie sie so in die Schachtel, dass sie einander zugewandt sind.

Honig, Rosenblütenblätter, Amethyst und Zimt hinzufügen.

Lege das Kästchen für dreizehn Tage unter dein Bett. Nach dieser Zeit nimm den Amethysten aus der Schachtel und wasche ihn mit Mondwasser.

Du solltest es als Amulett bei dir tragen, um die Liebe anzuziehen, nach der du dich sehnst. Den Rest solltest du an einen Fluss oder in einen Wald mitnehmen.

Ritual zur Rettung einer verfallenen Liebe

Sie benötigen:
- 2 rote Kerzen
- 1 Stück gelbes Papier
- 1 roter Umschlag
- 1 roter Bleistift
- 1 Foto des geliebten Menschen und ein Foto von Ihnen
- 1 Metallbehälter
- 1 rote Schleife
- Neue Nähnadel

Dieses Ritual ist am effektivsten während der Mondsichelphase und an einem Freitag zur Zeit des Planeten Venus oder der Sonne. Sie sollten Ihre Kerzen mit Rosenöl oder Zimt weihen.

Sie schreiben auf das gelbe Papier mit dem roten Stift Ihren Namen und den Namen Ihres Partners. Du schreibst auch, was du dir wünschst, mit kurzen, aber präzisen Worten. Schreiben Sie die Namen mit der Nähnadel auf jede Kerze. Zünde die Kerzen an, lege das Papier zwischen die Fotos und verschnüre sie mit dem Band. Verbrennen Sie die Fotos in dem Metallbehälter mit der Kerze, auf der Ihr Name steht, und wiederholen Sie dies laut:

"Unsere wird durch die Kraft des Universums und alle Energien, die in der Zeit existieren, gestärkt".

Legen Sie die Asche in den Umschlag, und wenn die Kerzen verbrannt sind, legen Sie den Umschlag unter Ihre Matratze am Kopfende.

Die besten Rituale für die Gesundheit

4., 12., 19. Februar 2024. Empfehlenswerte Zeiträume für chirurgische Eingriffe, da sie die Heilungsfähigkeit begünstigen.

Ritual für die Gesundheit

Einige weiße Rosenblüten, Rosmarin und Weinraute in einem Topf aufkochen. Wenn es abgekühlt ist, fügen Sie Rosenessenz und Mandelöl hinzu. Zünden Sie fünf violette Kerzen in Ihrem Badezimmer an, die Sie zuvor mit Orangen- und Eukalyptusöl geweiht haben. Auf eine Kerze sollten Sie den Namen der Person schreiben. Nehmen Sie ein Bad mit diesem Wasser, und während Sie baden, müssen Sie visualisieren, dass keine Krankheiten in Ihre Nähe oder in die Ihrer Familie kommen.

Ritual für die Gesundheit in der Mondsichelphase

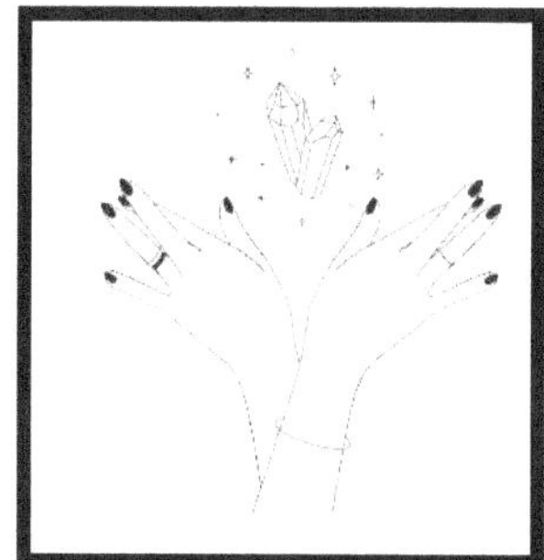

In eine Alufolie legen Sie Meersalz, 3 Knoblauchzehen, vier Lorbeerblätter, fünf Blätter Weinraute, einen

schwarzen Turmalin und einen Zettel mit dem Namen der Person. Falten Sie es und binden Sie es mit einem violetten Band zusammen. Tragen Sie dieses Amulett in Ihrer Jacken- oder Handtasche bei sich.

März 2024

Sonntag	Montag	Dienstag	Mittwoch	Donnerstag	Freitag	Samstag
					1	2
3	4	5	6	7	8	9
10 Neumond	11	12	13	14	15	16
17	18	19	20	21	22	23
24 Vollmond	25	26	27	28	29	30
31						

10. März 2024, Fische Neumond 20°16'.

24. März 2024, Vollmond Waage 5°07' (Halbschatten-Mondfinsternis 5°13')

Die besten Geld-Rituale

8., 10., 22. März 2024. Rituale im Zusammenhang mit Wohlstand und dem Erhalt von Arbeitsplätzen.

Zaubersprüche für erfolgreiche Vorstellungsgespräche.

Lege drei Blätter von Salbei, Basilikum, Petersilie und Weinraute in einen grünen Beutel. Füge einen Tigeraugenquarz und einen Malachit hinzu.

Verschließen Sie den Beutel mit einem goldenen Band. Um es zu aktivieren, legst du es in deine linke Hand auf Höhe deines Herzens und dann ein paar Zentimeter über dich deine rechte Hand, schließe deine Augen und stell dir vor, dass eine weiße Energie aus deiner rechten Hand in deine linke Hand kommt und den Beutel bedeckt.

Sie bewahren es in Ihrer Brieftasche oder Tasche auf.

Ritual, damit das Geld immer in Ihrem Haus präsent ist.

Du brauchst eine weiße Glasflasche, schwarze Bohnen, rote Bohnen, Sonnenblumenkerne, Maiskörner, Weizenkörner und ein Myrrhe-Räucherwerk.

Du gibst alles in der gleichen Reihenfolge in die Flasche, verschließt sie mit einem Korkdeckel und gießt den Rauch des Räucherwerks hinein. Dann stellst du sie als Dekoration in deine Küche.

Zigeunerzauber für Wohlstand

Nimm einen mittelgroßen Tontopf und streiche ihn grün an. Gib etwas Myrrhe, eine Münze und ein paar Tropfen Olivenöl in den Boden. Bedecke ihn mit einer Schicht Erde und lege die Samen deiner Lieblingspflanze hinein. Füge Zimt und weitere Erde hinzu. Stellen Sie das

Gefäß in das Esszimmer Ihres Hauses und gießen Sie es, damit es wächst.

Die besten Rituale für die Liebe

1., 17., 24., 29. März 2024

Ritual zur Beseitigung von Beziehungsproblemen

Dieses Ritual sollte während der Mondfinsternis oder der Vollmondphase praktiziert werden.

Sie benötigen:
- 1 weißes Band
- 1 neue Schere
- 1 Kugelschreiber mit roter Tinte

Auf das weiße Band schreibst du mit roter Tinte das Problem, das du hast, und den Namen der Person. Dann schneidest du es mit der Schere in sieben Stücke und wiederholst es dabei laut:

"Das ist mein Problem. Ich möchte, dass du gehst und nie mehr zurückkommst. Bitte nimm es von mir weg. Das ist richtig."

Legen Sie alles in einen schwarzen Sack und vergraben Sie ihn.

Liebe Bindungen

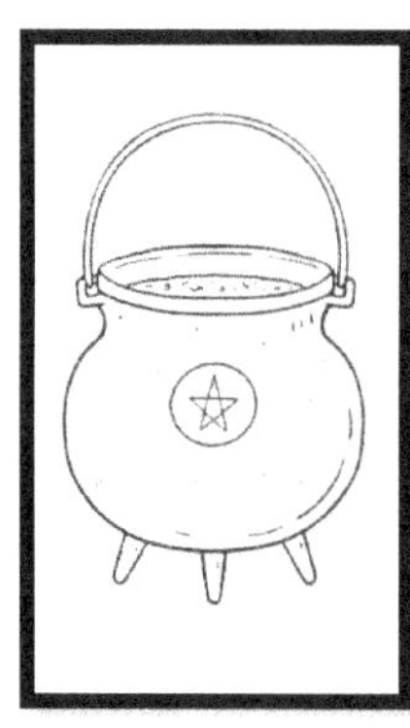

Sie benötigen:

- Gutes Gras

- Basilikum

- Ganzkörperfoto des geliebten Menschen ohne Brille

- Ganzkörperfoto von Ihnen ohne Brille

- 1 gelbes Seidentaschentuch

- 1 Holzkiste

Legen Sie die beiden Fotos mit dem Namen auf der Rückseite in die Schachtel.

Lege das gelbe Taschentuch hinein und bestreue es mit Basilikum und dem guten Kraut. Lass es den Energien des Mondes ausgesetzt.

Am nächsten Tag vergrabe sie an einem Ort, den niemand kennt. Wenn du das Loch öffnest, visualisiere, was du willst. Wenn der Vollmond kommt, grabe die Kiste aus und wirf sie in einen Fluss oder ins Meer.

Die besten Rituale für die Gesundheit

Jeden Tag außer Samstag.

Zauberspruch gegen Depressionen

Nehmen Sie eine Feige in die rechte Hand und legen Sie sie in die linke Seite Ihres Mundes, ohne sie zu kauen oder zu schlucken.

Dann nimmst du mit deiner linken Hand eine Weintraube und legst sie in die rechte Seite deines Mundes, ohne sie zu kauen. Wenn du beide Früchte im Mund hast, beißt du gleichzeitig hinein und schluckst sie, der Fruchtzucker, den sie abgeben, gibt dir Energie und Freude.

Erholungszauber

Erforderliche Elemente:

-1 weiße oder rosa Kerze

-Rosenblüten

-Eukalyptusöl

-Zitronenöl

-Orangenöl

Du musst mit einer Nähnadel den Namen der Person schreiben, die den Zauber braucht. Weihe die Kerze mit den Ölen unter dem Vollmond, während du wiederholst: "Erde, Luft, Feuer, Wasser bringen Frieden, Gesundheit, Freude und Liebe in das Leben von (du sagst den Namen der Person)". Lassen Sie die Kerze vollständig ausbrennen. Die Überreste können irgendwo entsorgt werden.

April 2024

Sonntag	Montag	Dienstag	Mittwoch	Donnerstag	Freitag	Samstag
	1	2	3	4	5	6
7	8 Neumond	9	10	11	12	13
14	15	16	17	18	19	20
21	22 Vollmond	23	24	25	26	27
28	29	30				

8. April 2024, Neumond und totale Sonnenfinsternis in Widder 19°22 '.

22. April 2024, Vollmond im Skorpion 23°:48'.

Die besten Geld-Rituale

8., 7., 13., 22. April 2024

Zaubern Sie offene Wege zur Fülle.

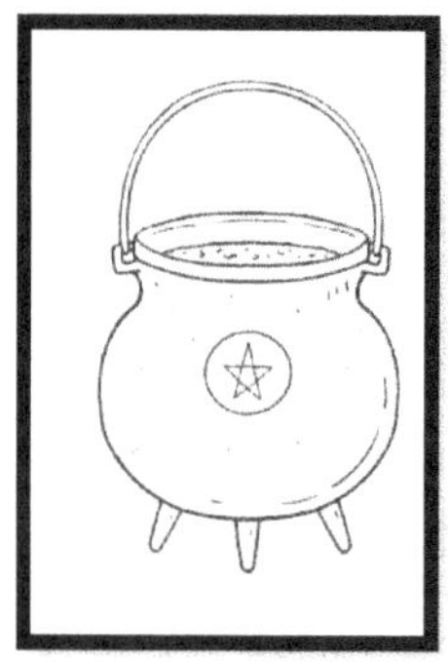

Sie benötigen:
- Laurel
- Romero
- 3 Goldmünzen
- 1 goldene Kerze
- Silberkerze
- 1 weiße Kerze

Nach 24 Stunden nach Neumond durchführen.

Stellen Sie die Kerzen in Form einer Pyramide auf, legen Sie neben jede Kerze eine Münze und in die Mitte dieses Dreiecks die Lorbeer- und Rosmarinblätter. Zünden Sie die Kerzen in dieser Reihenfolge an: zuerst die silbernen, weißen und goldenen. Wiederholen Sie diese Anrufung: "Mit der Kraft der reinigenden Energie und der unendlichen Energie rufe ich die Hilfe aller Wesenheiten an, die mich beschützen, um meine Wirtschaft zu heilen".

Lassen Sie die Kerzen vollständig ausbrennen und bewahren Sie die Münzen in Ihrer Brieftasche auf; diese drei Münzen können nicht ausgegeben werden. Wenn Lorbeer und Rosmarin getrocknet sind, verbrennen Sie sie und lassen Sie den Rauch dieser Räucherung durch Ihr Haus oder Ihren Betrieb ziehen.

Die besten Rituale für die Liebe
2., 13., 17. April 2024

Marokkanische Liebesbande

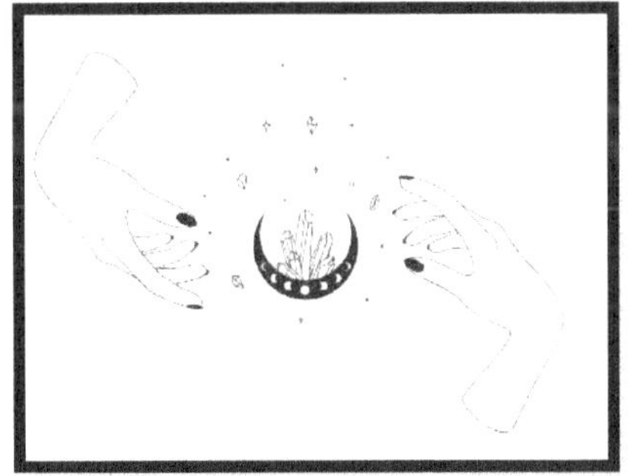

Sie benötigen:
- Speichel der anderen Person
- Das Blut einer anderen Person
- Erde
- Rosenwasser
- 1 rotes Taschentuch

- Roter Faden
- 1 Rosenquarz
- 1 schwarzer Turmalin

Lege das rote Taschentuch auf einen Tisch. Lege die Erde auf das Taschentuch und darauf den Speichel, den Rosenquarz, den schwarzen Turmalin und das Blut der Person, die du anziehen möchtest. Besprenkle alles mit Rosenwasser und binde das Taschentuch mit dem roten Faden zusammen, wobei du darauf achten musst, dass sich die Bestandteile nicht lösen. Dieses Taschentuch musst du vergraben.

Zauberspruch zum Versüßen der Geliebten

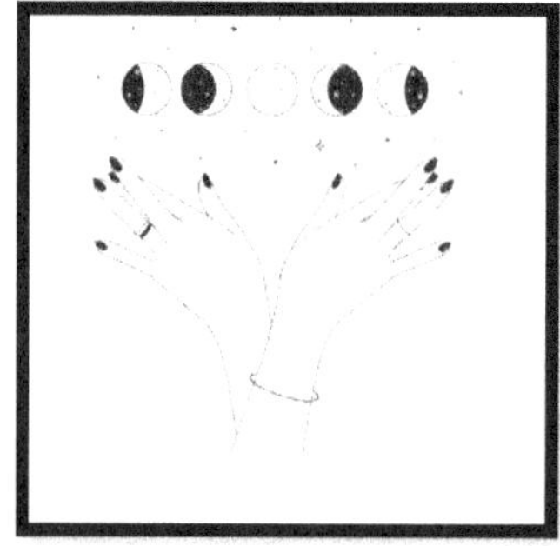

Du schreibst den vollen Namen der Person, die du liebst, und deinen Namen siebenmal auf ein braunes Papier. Lege dieses Papier in ein Kristallglas und füge Honig, Zimt, einen Rosenquarz und Stücke von Orangenschale hinzu. Während du das Ritual durchführst, wiederhole in deinem Geist: "Ich süße dich und nur die wahre Liebe

regiert zwischen uns". Bewahre es an einem dunklen Ort auf.

Beste Rituale für die Gesundheit

13., 21., 27. April 2024.

Römischer Zauberspruch für gute Gesundheit

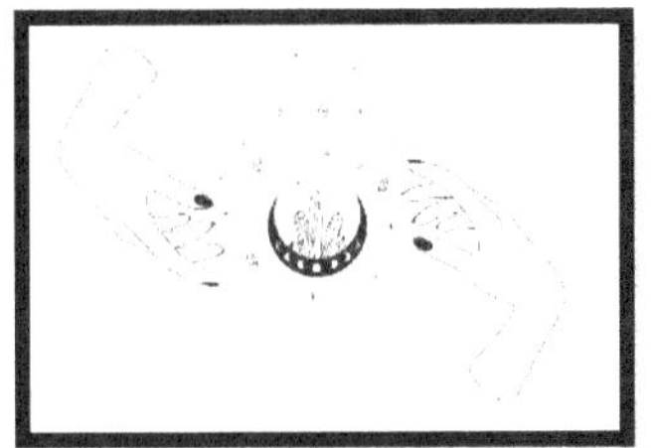

Sammle fünf Blätter von Rosmarin, Weinraute und weißen Rosenblättern und koche sie. Lege die Zubereitung, wenn sie abgekühlt ist, für drei Stunden über das dritte Pentagramm des Merkur. Fügen Sie Essenz aus Sandelholz, Rose und Lavendelöl hinzu. Bieten Sie diese Bäder den Schutzengeln des Kindes fünf Tage lang an, indem Sie eine violette Kerze anzünden, um das Negative ins Positive umzuwandeln, das Sie zuvor mit Mandarinenöl weihen müssen.

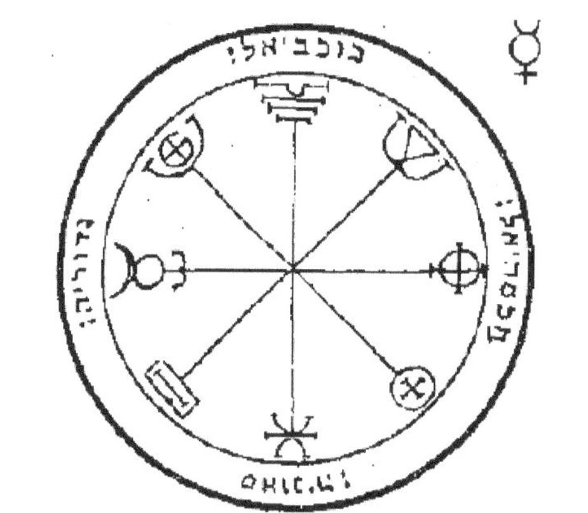

Drittes Merkur- Pentagramm

Rituale für den Monat Mai

Mai 2024

Sonntag	Montag	Dienstag	Mittwoch	Donnerstag	Freitag	Samstag
			1	2	3	4
5	6	7	8 Neumond	9	10	11
12	13	14	15	16	17	18
19	20	21	22 Vollmond	23	24	25
26	27	28	29	30	31	

8. Mai 2024, Taurus Neumond 18°01'.

22. Mai 2024, Vollmond Schütze 2°54'.

Die besten Geld-Rituale

6., 13., 21., 25. Mai 2024

"Geldmagnet" Mondsichel

Sie benötigen:

- 1 leeres Weinglas

- 2 grüne Kerzen

- 1 Handvoll weißer Reis

- 12 Münzen als gesetzliches Zahlungsmittel

- 1 Magnet

- Weißer Reis

Du zündest die beiden Kerzen an, die sich auf jeder Seite des Weinglases befinden sollten. Auf den Boden des Glases legst du den Magneten. Dann nimmst du eine Handvoll weißen Reis und legst ihn in das Glas. Dann legt man die zwölf Münzen in das Glas. Wenn die Kerzen zu Ende gebrannt sind, legen Sie die Münzen in die Wohlstandsecke Ihres Hauses oder Geschäfts.

Zauberspruch zur Reinigung von Negativität in Ihrem Haus oder Geschäft.

Sie benötigen:
- Eierschale
- 1 Strauß weißer Blumen
- Heiliges Wasser oder Vollmondwasser
- Milch
- Zimt-Pulver
- Neuer Reinigungseimer
- Neuer Mopp

Sie beginnen damit, Ihre Wohnung oder Ihr Geschäft von innen nach außen zu kehren, indem Sie in Gedanken das Negative raus und das Positive rein lassen. Du mischst alle Zutaten im Eimer und wischst den Boden von innen bis zur Außenseite der Haustür.

Sie lassen den Boden trocknen und fegen die Blumen zur Straßentür, heben sie auf und werfen sie zusammen mit

Eimer und Mopp in den Müll. Fassen Sie nichts mit Ihren Händen an. Sie sollten dies einmal pro Woche tun, am besten zur Zeit des Planeten Jupiter.

Die besten Rituale für die Liebe
22. Mai Vollmond.

Unzerbrechliches Band der Liebe

Sie benötigen:
- 1 grünes Band
- 1 roter Marker

Du nimmst das grüne Band und schreibst mit roter Tinte deinen vollen Namen und den Namen der Person, die du liebst. Dann schreibst du dreimal die Worte: Liebe, Venus und Leidenschaft. Sie binden das Band am Kopfende Ihres Bettes fest und machen jede Nacht einen Knoten, neun Nächte lang, hintereinander. Nach dieser Zeit bindest du das Band mit drei Knoten an deinen linken Arm. Wenn es zerreißt, verbrennst du es und wirfst die

Asche ins Meer oder an einen Ort, an dem das Wasser fließt.

Ritual, damit ich nur dich liebe

Dieses Ritual ist am effektivsten, wenn man es während der Phase des zunehmenden Gibbons-Monds und an einem Freitag zur Zeit des Planeten Venus durchführt.

Sie benötigen:
- 1 Esslöffel Honig
- 1 Pentagramm # 5 der Venus.
- 1 Kugelschreiber mit roter Tinte
- 1 weiße Kerze
- 1 neue Nähnadel

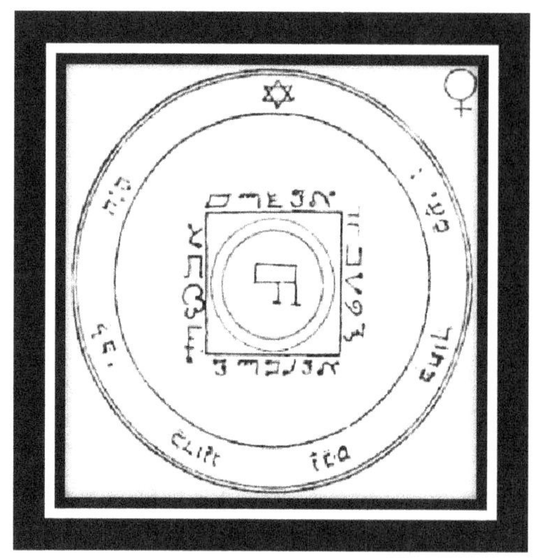

Pentagramm #5 der Venus.

Auf die Rückseite des Venus-Pentakel schreibst du mit roter Tinte den vollen Namen der Person, die du liebst, und wie du möchtest, dass sie sich dir gegenüber verhält, du musst genau sein. Dann befeuchten Sie es mit dem Honig und rollen es um die Kerze herum, so dass es an der Kerze kleben bleibt. Befestige es mit der Nähnadel. Wenn die Kerze verbrannt ist, vergräbst du die Überreste und wiederholst laut: "Die Liebe von (Name) gehört nur mir".

Tee zum Vergessen einer Liebe

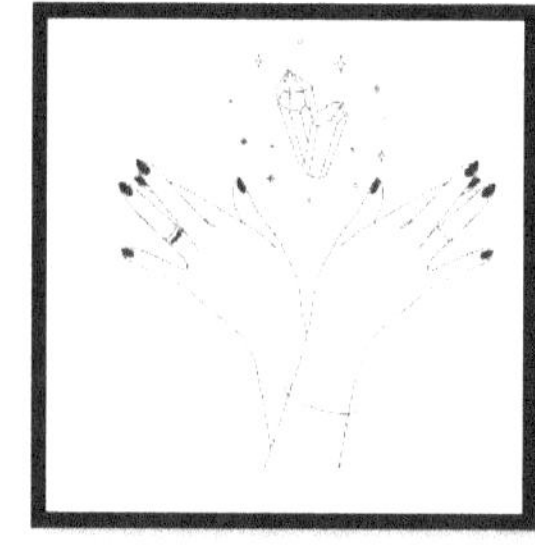

Sie benötigen:
- 5 Minzblätter

- 1 Esslöffel Honig
- 3 Zimtstangen

In einer Tasse Wasser sollten Sie alle Zutaten aufkochen und dann ruhen lassen. Trinken Sie es und denken Sie dabei an all den Schaden, den diese Person Ihnen zugefügt hat. Männer sollten es am Dienstag- oder Mittwochabend vor dem Schlafengehen einnehmen und Frauen am Montag oder Freitag vor dem Schlafengehen.

Nagelritual für die Liebe

Du musst deine Finger- und Zehennägel schneiden und sie in einem Metalltopf bei mittlerer Hitze rösten, um alle Rückstände dieser Nägel zu entfernen. Du nimmst sie heraus und mahlst sie zu Pulver. Dieses Pulver gibst du deinem Partner in dein Getränk oder deine Mahlzeit.

.

Die besten Rituale für die Gesundheit
Jeder Tag im Mai 2024. Außer samstags.

Zauberformel für strahlende Haut

Mischen Sie acht Esslöffel Honig, acht Teelöffel Olivenöl, acht Esslöffel braunen Zucker, eine geriebene Zitronenschale und vier Tropfen Zitrone. Wenn eine glatte Masse entstanden ist, tragen Sie sie auf den ganzen Körper auf und massieren Sie sie fünf Minuten lang.

Dann baden Sie und wechseln zwischen heißem und kaltem Wasser.

Zauberspruch für Zahnschmerzen heilen

Du musst mit Meersalz einen fünfzackigen Stern machen, der groß ist, weil du in der Mitte stehen musst.

Auf jede Spitze stellen Sie eine schwarze Kerze und das Symbol des Tetragrammatons (Sie können das Bild ausdrucken), Rosmarinblätter, Lorbeerblätter, Apfelschalen und Lavendelblätter.

Wenn es 12:00 Uhr ist, stellst du dich in die Mitte, zündest die Kerzen an und wiederholst das Ganze:

sanus ossa mea sunt: et labia circa dentes meos

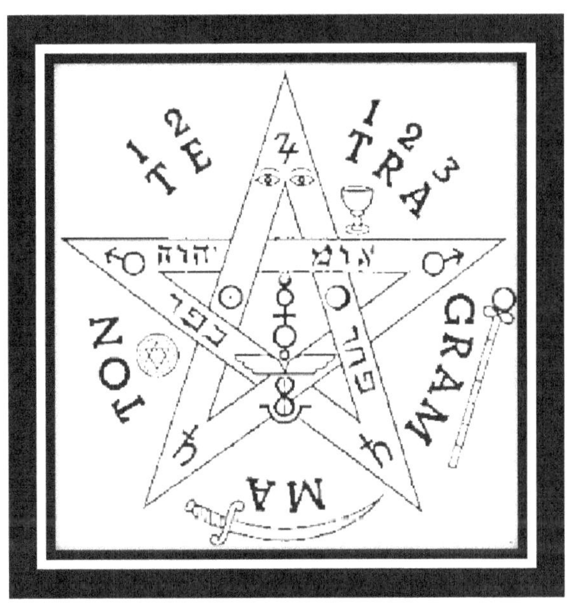

Symbol des Tetragrammatons

Juni 2024

Sonntag	Montag	Dienstag	Mittwoch	Donnerstag	Freitag	Samstag
						1
2	3	4	5	6 Neumond	7	8
9	10	11	12	13	14	15
16	17	18	19	20 Vollmond	21	22
23	24	25	26	27	28	29
30						

6. Juni 2024, Zwillinge Neumond 16°17'.

20. Juni 2024, Vollmond im Steinbock 1°06'.

Die besten Geld-Rituale

6, 13, 20 und 27 sind Donnerstage, Jupitertage.

Zigeuner-Wohlstandszauber

Nimm einen mittelgroßen Tontopf und streiche ihn grün an. Gib etwas Myrrhe, eine Münze und ein paar Tropfen Olivenöl in den Boden. Bedecke ihn mit einer Schicht Erde und lege die Samen deiner Lieblingspflanze hinein.

Füge Zimt und weitere Erde hinzu. Stellen Sie das Gefäß in das Esszimmer Ihres Hauses und gießen Sie es, damit es wächst.

Magische Begasung zur Verbesserung der Wirtschaftlichkeit Ihres Hauses.

Sie müssen drei Kohlen in einem Metall- oder Tongefäß anzünden und einen Löffel Zimt, Rosmarin und getrocknete Apfelschalen hinzufügen. Das Gefäß wird im Uhrzeigersinn um das Haus herumgereicht.

Legen Sie dann weiße Rosenblüten in einen Eimer mit Wasser und lassen Sie es drei Stunden lang stehen.

Mit diesem Wasser werden Sie Ihr Haus reinigen.

Wunderessenz, um Arbeit anzuziehen.

Geben Sie 32 Tropfen Alkohol, 20 Tropfen Rosenwasser, 10 Tropfen Lavendelwasser und einige Jasmin Blätter in eine dunkle Glasflasche.

Sie schütteln ihn mehrmals und überlegen, was Sie anziehen wollen.

Wenn Sie es in einen Diffusor geben, können Sie es für Ihr Zuhause, Ihr Geschäft oder als persönliches Parfüm verwenden.

Zauber, um unsere Hände zu waschen und Geld anzuziehen.

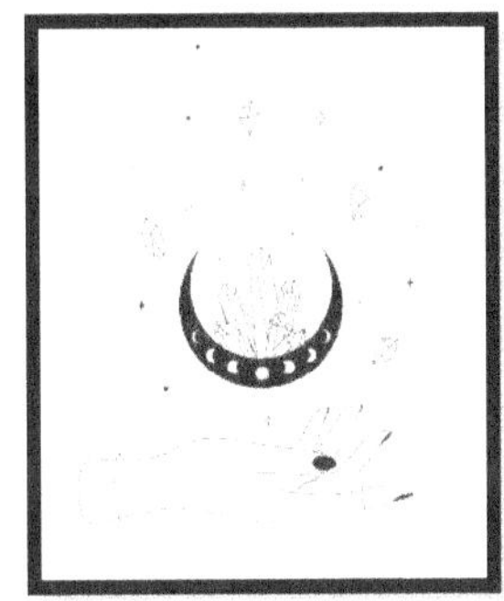

Sie brauchen einen Tontopf, Honig und Vollmondwasser.

Waschen Sie Ihre Hände mit dieser Flüssigkeit, aber lassen Sie das Wasser in der Pfanne.

Dann lassen Sie den Topf vor einem wohlhabenden Geschäft oder einem Spielkasino stehen.

Die besten Rituale für die Liebe
Jeder Tag im Juni 2024. Außer samstags.

Ritual zur Verhinderung von Trennungen

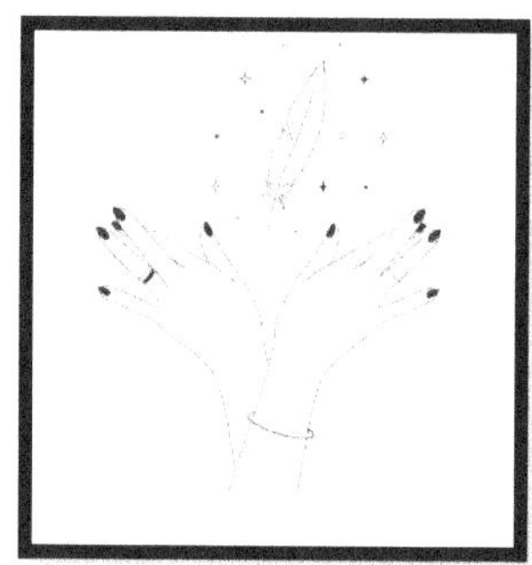

Sie benötigen:
- 1 Topf mit roten Blumen
- Honig
- Pentagramm Nr. 1 der Venus
- 1 rote Pyramidenkerze
- Foto des geliebten Menschen
- 7 gelbe Kerzen

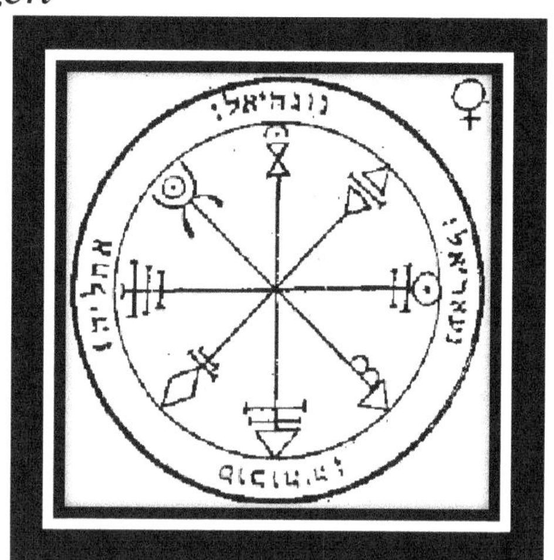

Pentagramm 1 der Venus.

Du musst die sieben gelben Kerzen in Form eines Kreises anzünden. Dann schreibst du hinter das Pentagramm der Venus die folgende Beschwörungsformel:

"Ich bitte dich, mich ein Leben lang zu lieben, mein Liebster" und den Namen der anderen Person. Du vergräbst dieses Pentagramm im Blumentopf, nachdem du es zusammen mit dem Foto in fünf Teile gefaltet hast. Zünden Sie die rote Kerze an und gießen Sie den Honig auf die Erde des Topfes.

Während dieser Operation wiederholst du laut der folgenden Beschwörungsformel: "Dank der Macht der Liebe beten wir, dass (Name der Person) mit dem Gefühl der wahren Liebe, die die meine ist, bewahrt wird, so dass niemand und keine Kraft uns trennen kann".

Wenn die Kerzen ausbrennen, wirst du die Reste in den Müll. Sie halten den Topf in Reichweite und kümmern sich um ihn.

Erotischer Zauber

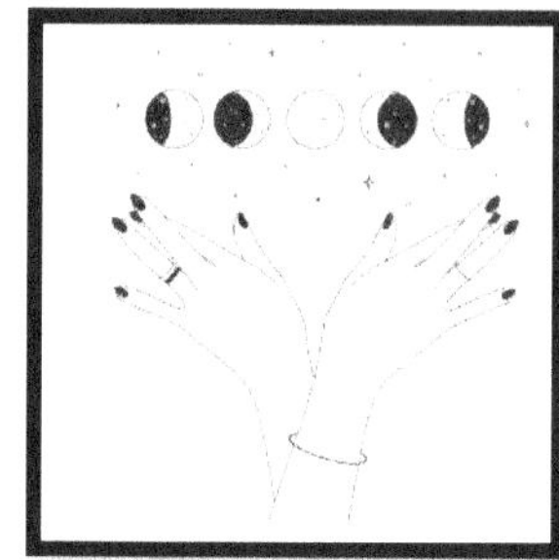

Du musst eine rote Kerze in Form eines Penis oder einer Vagina besorgen (je nach Geschlecht der Person, die den Zauber ausspricht). Du schreibst den Namen der anderen Person auf die Kerze.

Sie müssen es mit Sonnenblumenöl und Zimt weihen.

Sie sollten es einmal am Tag anzünden und nur zwei Zentimeter abbrennen lassen.

Wenn die Kerze vollständig abgebrannt ist, gib die Überreste zusammen mit dem Mars- Pentagramm #4 in einen roten Stoffbeutel.

Dieses Säckchen sollte fünfzehn Tage lang unter der Matratze aufbewahrt werden.

Nach dieser Zeit können Sie es im Müll entsorgen.

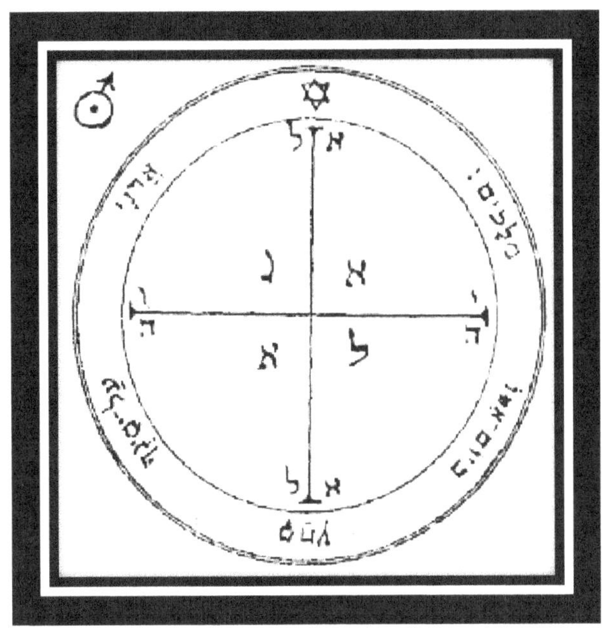

Pentagramm #4 Mars

Ritual mit Eiern für die Anziehung

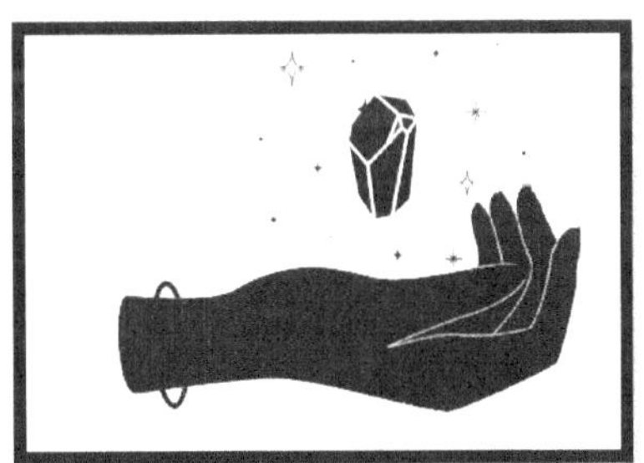

Sie benötigen:
- 4 Eier
- Gelbe Farbe

Du musst die vier Eier gelb anmalen und das Wort "Er kommt zu mir" schreiben.

Man nimmt zwei Eier und schlägt sie in den vorderen Ecken des Hauses der Person auf, die man anlocken möchte.

Du zerschlägst ein weiteres Ei vor dem Haus dieser Person. Am dritten Tag wirfst du das vierte Ei in einen Fluss.

Afrikanischer Liebeszauber

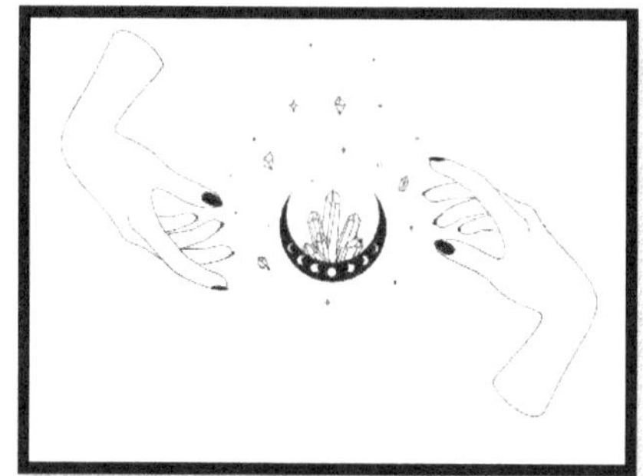

Sie benötigen:
- 1 Ei
- 5 rote Kerzen
- 1 schwarzes Taschentuch
- Kürbis
- Zimtöl
- 5 Nähnadeln
- Bienenhonig
- Olivenöl
- 5 Stücke Brotteig
- Guineapfeffer

Du öffnest ein Loch im Kürbis, schreibst den vollständigen Namen der Person, die du anlocken willst, auf ein Stück Papier und steckst es in den Kürbis.

Ich steche den Kürbis mit den Nadeln an und wiederhole den Namen dieser Person. Füllen Sie die restlichen Zutaten in den Kürbis und wickeln Sie ihn in das schwarze Tuch. Lassen Sie den Kürbis fünf Tage lang auf diese Weise eingewickelt vor den roten Kerzen stehen, eine pro Tag.

Am sechsten Tag vergräbst du den Kürbis am Ufer eines Flusses.

Die besten Rituale für die Gesundheit
Irgendein Tag im Juni 2024

Schlankheitszauber

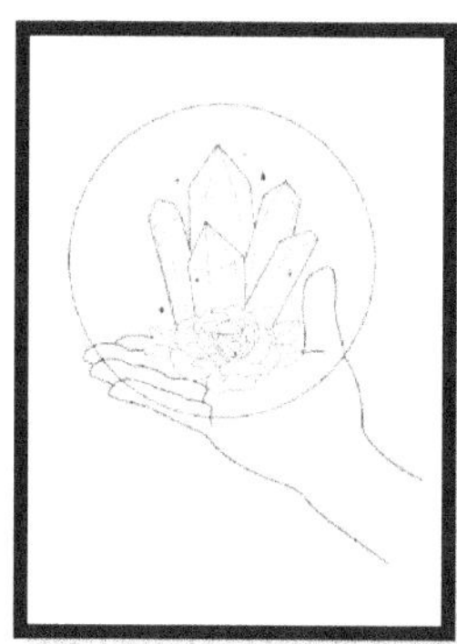

Du musst dir mit einer Nadel in den Finger stechen und 3 Tropfen deines Blutes und einen Löffel Zucker auf ein weißes Papier geben, dann das Papier schließen und das Blut mit dem Zucker umwickeln.

Sie legen dieses Papier in ein neues Glasgefäß, füllen das Glas bis zur Hälfte mit Ihrem Urin, stellen es über Nacht vor eine weiße Kerze und vergraben es am nächsten Tag.

Zauberspruch zur Erhaltung der Gesundheit

Erforderliche Elemente.

-1 weiße Kerze.

-1 Heilige Karte des Engels deiner Verehrung.

-3   Sandelholz-Weihrauch.

-Gemüsekohlenstoffe.

-Getrocknete Kräuter   von Eukalyptus und Basilikum.

-Eine   Handvoll Reis, eine Handvoll Weizen.

-1 weißer Teller oder Tablett.

-8   rosa Rosenblütenblätter.

-1 Parfümflasche, persönlich.

-1 Holzkiste.

Sie sollten die Umgebung reinigen, indem Sie die Pflanzenkohle in einem Metallbehälter anzünden. Wenn die Kohlen gut angezündet sind, legen Sie nach und nach die trockenen Kräuter darauf und gehen mit dem Behälter durch den Raum, damit die negativen Energien beseitigt werden.

Wenn das Räuchern beendet ist, müssen Sie die Fenster öffnen, damit sich der Rauch verflüchtigt.

Bereiten Sie einen Altar auf einem mit einem weißen Tischtuch bedeckten Tisch vor. Lege die gewählte heilige Karte darauf und lege die drei Räucherstäbchen in Form eines Dreiecks um sie herum. Weihe die weiße Kerze, zünde sie an und stelle sie zusammen mit dem unbedeckten Parfüm vor den Engel.

Sie müssen entspannt sein, dazu müssen Sie sich auf Ihre Atmung konzentrieren. Visualisieren Sie Ihren Engel und danken Sie ihm für all die gute Gesundheit, die Sie haben und immer haben werden, diese Dankbarkeit muss tief aus Ihrem Herzen kommen.

Nach der Danksagung gibst du ihm die Handvoll Reis und die Handvoll Weizen als Opfergabe, die du in das Tablett oder den weißen Teller legen solltest.

Streuen Sie alle Rosenblätter über den Altar und danken Sie erneut für die empfangenen Gaben. Sobald die Danksagung beendet ist, lassen Sie die Kerze brennen, bis sie vollständig verbrannt ist. Als Letztes sammelt man alle Reste der Kerze, des Weihrauchs, des Reises und des Weizens ein, steckt sie in eine Plastiktüte und wirft sie an einen Ort, an dem es Bäume gibt, ohne die Tüte.

Legen Sie den Engelstempel zusammen mit den Rosenblättern in die Schachtel und stellen Sie sie an einen sicheren Ort in Ihrem Zuhause.

Das energetisierte Parfüm, verwenden Sie es, wenn Sie das Gefühl haben, dass die Energien nachlassen, während Sie Ihren Engel visualisieren und um ihren Schutz bitten.

Schutzbad vor einem chirurgischen Eingriff

Erforderliche Elemente:

- Purpurglocke

- Kokosnuss-Wasser

- Schale

- Köln 1800

- Immer lebendig

- Minzblätter

- Rautenblätter

- Rosmarin-Blätter

- Weiße Kerze

- Lavendelöl

Kochen Sie alle Pflanzen im Kokosnusswasser, seien Sie es ab, fügen Sie die Schale, das Kölnisch Wasser und das Lavendelöl hinzu und zünden Sie die Kerze im westlichen Teil Ihres Badezimmers an. Gießen Sie die Mischung in das Badewasser. Wenn Sie keine Badewanne haben, gießen Sie es über sich selbst und trocknen Sie sich nicht ab.

Juli 2024

Sonntag	Montag	Dienstag	Mittwoch	Donnerstag	Freitag	Samstag
	1	2	3	4	5	6 Neumond
7	8	9	10	11	12	13
14	15	16	17	18	19	20 Vollmond
21	22	23	24	25	26	27
28	29	30	31			

6. Juli 2024, Krebs-Neumond 14°23'.

20. Juli 2024, Vollmond im Steinbock 29°08'.

Die besten Geld-Rituale

Am 6., 20. und 22. Juli tritt die Sonne in den Löwen ein.

Reinigen, um Kunden zu gewinnen.

Zehn geschälte Haselnüsse und einen Zweig Petersilie in einem Mörser und Stößel zerstoßen.

Kochen Sie zwei Liter Vollmondwasser und fügen Sie die zerkleinerten Zutaten hinzu. Lasse es 10 Minuten lang kochen und seihe es dann ab.

Mit diesem Aufguss reinigen Sie den Boden Ihres Unternehmens, von der Eingangstür bis zum Boden.

Wiederholen Sie diese Reinigung einen Monat lang jeden Montag und Donnerstag, wenn möglich, zur Zeit des Planeten Merkur.

Zieht materiellen Reichtum an. Mond im Halbmondviertel

Sie benötigen:

- 1 Goldmünze oder ein goldener Gegenstand, ohne Steine.

- 1 Kupfermünze

- 1 Silbermünze

Gehen Sie in einer Mondsichelnacht mit den Münzen in der Hand an einen Ort, an dem sie von den Mondstrahlen beleuchtet werden.

Mit erhobenen Händen wiederholst du: "Mond, hilf mir, dass mein Vermögen immer wächst und der Wohlstand mich immer begleitet".

Lassen Sie die Münzen in Ihren Händen klingeln.

Dann bewahren Sie sie in Ihrer Brieftasche auf. Sie können dieses Ritual jeden Monat wiederholen.

Zaubderspruch zur Schaffung eines wirtschaftlichen Schutzschildes für Ihr Unternehmen oder Ihre Arbeit.

Sie benötigen:
- 5 gelbe Blütenblätter
- Sonnenblumenkerne
- Sonnengetrocknete Zitronenschalen
- Weizenmehl
- 3 Münzen des allgemeinen Gebrauchs

Die gelben Blüten und Sonnenblumenkerne in einem Mörser zerstoßen, dann die Zitronenschale und das Weizenmehl hinzufügen.

Mischen Sie die Zutaten gut und bewahren Sie sie zusammen mit den drei Münzen in einem hermetisch verschlossenen Glas auf.

Dieses Präparat sollte jeden Morgen vor dem Verlassen des Hauses angewendet werden.

Führen Sie zuerst die Fingerspitzen der fünf Finger der linken Hand und dann die der rechten Hand in die Flasche ein und verreiben Sie sie dann an den Handflächen.

Die besten Rituale für die Liebe

An einem beliebigen Tag im Juli.

Express-Geld-Zauber.

Dieser Zauber ist am wirksamsten, wenn er an einem Donnerstag gewirkt wird.

Du füllst eine Glasschale mit Reis.

Dann zünden Sie eine grüne Kerze an (die Sie zuvor geweiht haben müssen) und stellen sie in die Mitte des Brunnens.

Sie zünden den Zimtweihrauch an und umkreisen den Brunnen mit seinem Rauch sechsmal im Uhrzeigersinn.

Wiederholen Sie während dieser Prozedur im Geiste: "Ich öffne meinen Geist und mein Herz für den Reichtum.

Die Fülle kommt zu mir, jetzt und alles ist gut.

Das Universum strahlt jetzt Reichtum in mein Leben". Die Reste können Sie im Müll entsorgen.

Badezimmer zur Erzielung eines finanziellen Gewinns

Sie benötigen:

- 1 Rauten pflanze

- Blumiges Wasser

- 5 gelbe Blüten

- 5 Esslöffel Honig

- 5 Zimtstangen

- 5 Tropfen Sandelholz-Essenz

- 1 Stäbchen Sandelholz-Weihrauch

Am ersten Tag der Mondsichel, während einer für den Wohlstand günstigen Stunde, koche alle Zutaten fünf Minuten lang, außer dem Agua Florida und dem Weihrauch. Teilt dieses Bad, denn ihr müsst es fünf Tage lang machen. Das Bad, dass du nicht verwendest, solltest du kaltstellen. Geben Sie etwas Agua Florida in die Zubereitung und zünden Sie den Weihrauch an. Nimm ein Bad und spüle es wie üblich ab. Lassen Sie das Präparat langsam vom Hals bis zu den Füßen fallen. Machen Sie dies an fünf aufeinanderfolgenden Tagen.

Die besten Rituale für die Gesundheit

An einem beliebigen Tag im Juli.

Zauberspruch gegen chronische Schmerzen.

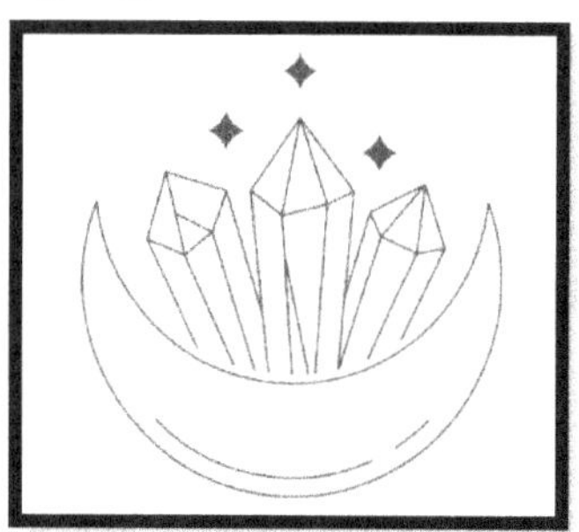

Erforderliche Elemente:

-1 goldene Kerze

-1 weiße Kerze

-1 grüne Kerze

-1 Schwarzer Turmalin

-1 Foto von Ihnen oder einem persönlichen Gegenstand

1 Glas Luna-Wasser

-Foto der Person oder des persönlichen Gegenstands

Stellen Sie die 3 Kerzen in einer Dreiecksform auf und platzieren Sie das Foto oder den persönlichen Gegenstand in der Mitte. Stellen Sie das Glas mit Mondwasser auf das Foto und gießen Sie den Turmalin hinein. Dann zündest du die Kerzen an und wiederholst die folgende Beschwörungsformel: "Ich zünde diese Kerze an, um meine Genesung zu erreichen, und rufe meine inneren Feuer und die schützenden Salamander und Undinen an, um diesen Schmerz und dieses Unbehagen in heilende Energie der Gesundheit und des Wohlbefindens umzuwandeln. Wiederholen Sie dieses Gebet 3 Mal. Wenn du das Gebet beendet hast, nimm das Glas, nimm den Turmalin heraus und gieße das Wasser in einen Abfluss des Hauses, lösche die Kerzen mit deinen Fingern und behalte sie, um diesen Zauber zu wiederholen, bis du vollständig genesen bist. Der Turmalin kann als Amulett für die Gesundheit verwendet werden.

Sofortiger Verbesserungszauber

Du musst eine weiße Kerze, eine grüne Kerze und eine gelbe Kerze besorgen. Du weißt sie (von der Basis bis zum Docht) mit Kiefernessenz und stellst sie in Form

eines Dreiecks auf einen Tisch mit einem hellblauen Tischtuch. In die Mitte stellen Sie ein kleines Glasgefäß mit Alkohol und einem kleinen Amethysten. Auf den Boden des Behälters legen Sie ein Stück Papier mit dem Namen des Kranken oder ein Foto mit seinem vollen Namen auf der Rückseite und seinem Geburtsdatum. Zünden Sie die drei Kerzen an und lassen Sie sie brennen, bis sie vollständig verbrannt sind. Stellen Sie sich während dieses Rituals vor, dass die Person völlig gesund ist.

Rituale für den Monat August

August 2024

Sonntag	Montag	Dienstag	Mittwoch	Donnerstag	Freitag	Samstag
				1	2	3
4 Neumond	5	6	7	8	9	10
11	12	13	14	15	16	17
18 Vollmond	19	20	21	22	23	24
25	26	27	28	29	30	31

4. August 2024, Neumond Löwe 12°33'.

18. August 2024, Vollmond Wassermann 27°14'.

4. und 5. August 2024

Magic Mirror für Geld. Vollmond

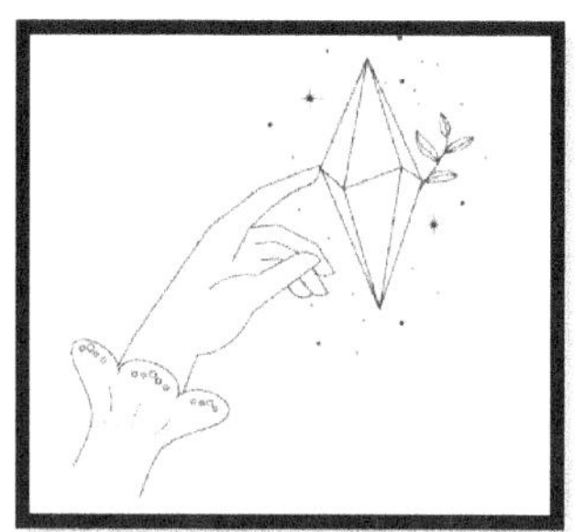

Besorge dir einen Spiegel mit einem Durchmesser von 40 bis 50 cm und male den Rahmen schwarz an. Wasche den Spiegel mit Weihwasser und bedecke ihn mit einem schwarzen Tuch.

In der ersten Nacht des Vollmonds setze ihn den Mondstrahlen aus, so dass du die gesamte Mondscheibe im Spiegel sehen kannst. Bitte den Mond, diesen Spiegel zu weihen, um deine Wünsche zu erleuchten.

In der nächsten Vollmondnacht zeichne mit einem Lippenstift 7-mal das Geldsymbol ($$$$$$$).

Schließen Sie die Augen und stellen Sie sich vor, dass Sie über all den materiellen Reichtum verfügen, den Sie sich wünschen. Lassen Sie die Symbole bis zum nächsten Morgen gezeichnet.

Dann reinigst du den Spiegel mit Weihwasser, bis keine Spuren mehr von der verwendeten Farbe zu sehen sind. Legen Sie den Spiegel an einen Ort zurück, an dem ihn niemand berührt.

Du musst die Energie des Spiegels dreimal im Jahr bei Vollmond aufladen, um den Zauber wiederholen zu können.

Wenn Sie dies zu einer planetarischen Stunde tun, die mit Wohlstand zu tun hat, fügen Sie Ihrer Absicht Superenergie hinzu.

Ritual zur Beschleunigung des Verkaufs. Neumond

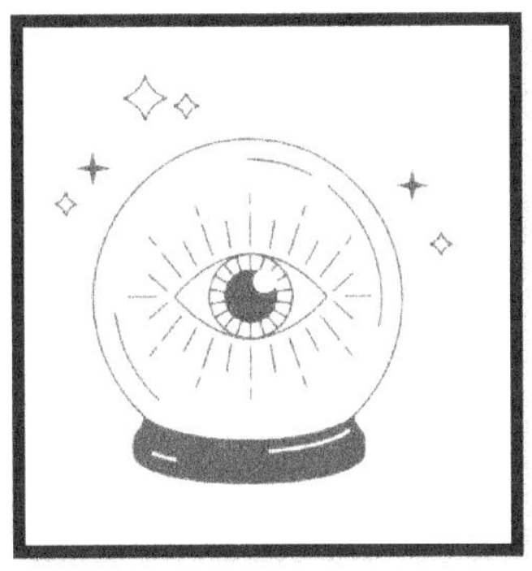

Dies ist ein wirksames Rezept für den Schutz des Geldes, die Vermehrung des Umsatzes in Ihrem Unternehmen und die energetische Heilung des Ortes.

Sie benötigen:

-1 grüne Kerze
-1 Münze
- Meersalz
-1 Prise scharfer Pfeffer

Sie sollten dieses Ritual an einem Donnerstag oder Sonntag zur Zeit des Planeten Jupiter oder der Sonne durchführen.

Es sollten sich keine weiteren Personen in den Geschäftsräumen aufhalten.

Zünden Sie die Kerze an und legen Sie die Münze, eine Handvoll Salz und eine Prise scharfen Pfeffer in Form eines Dreiecks um die Kerze.

Es ist wichtig, dass Sie den Pfeffer auf der rechten Seite und die Handvoll Salz auf der linken Seite platzieren. Die Münze sollte sich an der Spitze der Pyramide befinden.

Bleiben Sie ein paar Minuten vor der Kerze stehen und visualisieren Sie alles, was Sie sich an Wohlstand wünschen.

Die Reste können weggeworfen werden, die Münze wird zum Schutz in Ihrer Geschäftsstelle aufbewahrt.

Die besten Rituale für die Liebe
Jeder Freitag, der Tag der Venus.

Die besten Rituale für die Liebe

7., 14., 21., 28. und 31. Juli.

Zauberspruch, damit jemand an dich denkt

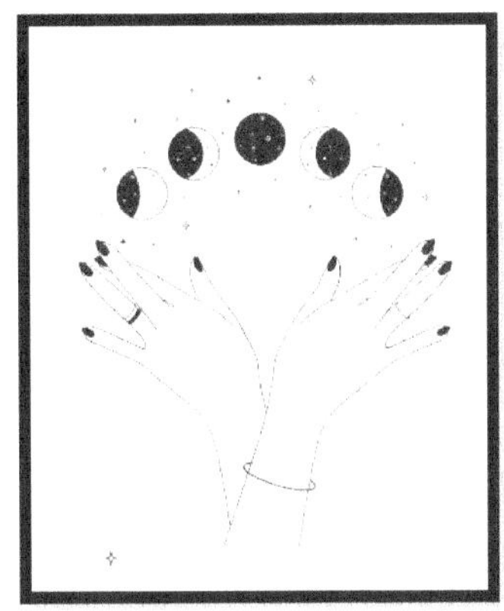

Besorgen Sie sich einen kleinen Spiegel, den wir Frauen zum Schminken benutzen, und stellen Sie ein Bild von sich selbst hinter den Spiegel.

Dann nimmst du ein Foto der Person, die du an dich denken möchtest, und legst es mit der Vorderseite nach unten vor den Spiegel (so dass sich die beiden Fotos gegenüberstehen und der Spiegel dazwischen ist).

Umwickeln Sie den Spiegel mit einem roten Tuch und binden Sie es mit einem roten Faden fest, damit die Fotos nicht verrutschen können.

Diese sollte gut versteckt unter dem Bett platziert werden.

Zauberspruch, um ein Magnet zu werden

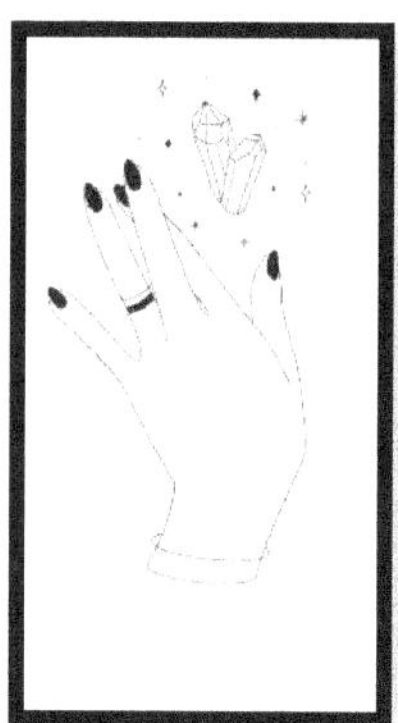

Um eine magnetische Aura zu haben und Frauen oder Männer anzuziehen, muss man einen gelben Beutel machen, der das Herz einer weißen Taube und die Augen einer gepuderten Schildkröte enthält.

Dieser Beutel sollte in der rechten Hosentasche getragen werden, wenn Sie ein Mann sind.

Frauen tragen den gleichen Beutel, allerdings im BH auf der linken Seite.

Die besten Rituale für die Gesundheit

Am 23. August tritt die Sonne in die Jungfrau ein.

Rituelles Bad mit bitteren Kräutern

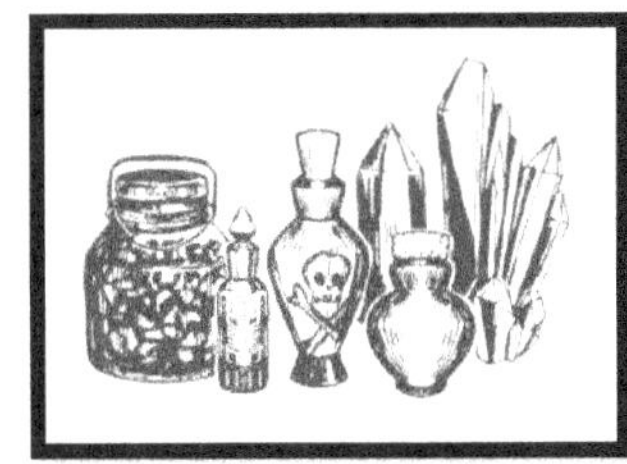

Dieses Ritual wird angewendet, wenn die Person so stark verhext wurde, dass ihr Leben in Gefahr ist.

Erforderliche Elemente:
- 7 Myrtenblätter
- Granatapfelsaft
- Ziegenmilch
- Meersalz
- Heiliges Wasser
- Schale
- 8 Blätter der Mauerbrecher pflanze

Die Ziegenmilch in ein großes Gefäß gießen, den Granatapfelsaft, das Weihwasser, die Pflanzen, das Meersalz und die Schale hinzufügen.

Lassen Sie diese Zubereitung drei Stunden lang vor einer weißen Kerze stehen und gießen Sie sie dann auf Ihren Kopf. Man sollte so schlafen und am nächsten Tag abspülen.

Rituale für den Monat September

September 2024

Sonntag	Montag	Dienstag	Mittwoch	Donnerstag	Freitag	Samstag
1	2	3 Neumond	4	5	6	7
8	9	10	11	12	13	14
15	16	17 Vollmond	18	19	20	21
22	23	24	25	26	27	28
29	30					

3. September 2024, Jungfrau-Neumond 11°03'.

17. September 2024, Vollmond und partielle Sonnenfinsternis in den Fischen
25°40'

Die besten Geld-Rituale

3., 13., 20. September 2024

Ritual, um in drei Tagen Geld zu bekommen.

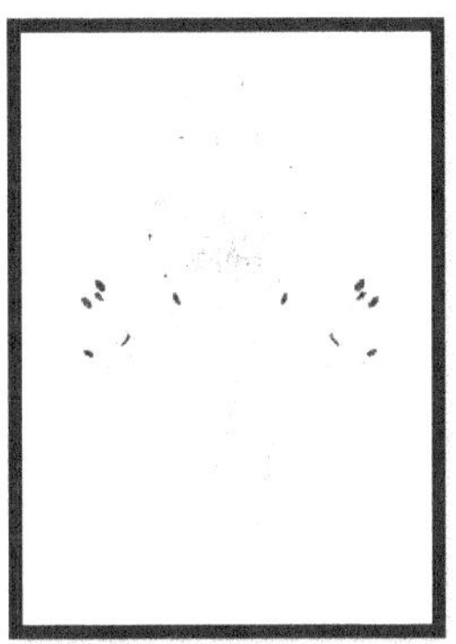

Nimm fünf Zimtstangen, eine getrocknete Orangenschale, einen Liter Vollmondwasser und eine Silberkerze. Koche den Zimt und die Orangenschale in dem Vollmondwasser. Wenn es abgekühlt ist, gib es in eine Sprühflasche. Zünde die Kerze im nördlichen Teil des Wohnzimmers deines Hauses an und besprühe alle Räume mit der Flüssigkeit. Wiederhole dabei in deinem Geist: "Die Geistführer beschützen mein Haus und lassen mich das Geld, das ich brauche, sofort erhalten".

Wenn Sie fertig sind, lassen Sie die Kerze brennen.

Geld mit einem Weißen Elefanten

Kaufen Sie einen weißen Elefanten, bei dem der Rüssel nach oben zeigt.

Platzieren Sie es mit Blick auf das Innere Ihrer Wohnung oder Ihres Geschäfts, niemals vor den Türen.

Legen Sie am ersten Tag eines jeden Monats einen Geldschein mit dem niedrigsten Wert in den Rüssel des Elefanten, falten Sie ihn der Länge nach in zwei Teile und wiederholen Sie: "Möge er sich mit 100 verdoppeln"; dann falten Sie ihn erneut der Breite nach und wiederholen Sie: "Möge er sich mit tausend multiplizieren".

Falten Sie den Schein auf und lassen Sie ihn bis zum nächsten Monat im Rüssel des Elefanten.

Wiederholen Sie das Ritual, indem Sie die Banknoten wechseln.

Ritual des Lottogewinns.

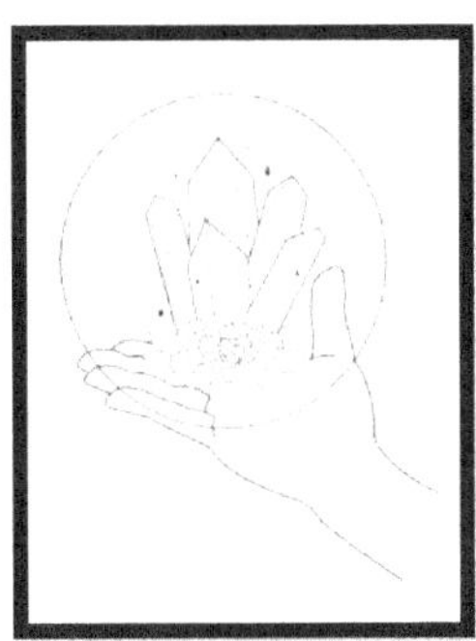

Sie benötigen:
- 2 grüne Kerzen
- 12 Münzen (für die zwölf Monate des Jahres)
- 1 Mandarine
- Zimtstange
- Blütenblätter von 2 roten Rosen
-1 Weithals-Glasgefäß mit Deckel
-1 alter Lottoschein
- Vollmond Wasser

Lege die Mandarine, den Lottoschein, die Münzen, die Blütenblätter und den Zimt in das Glas, bedecke es mit dem Mondwasser und decke es zu. Auf den Deckel des Glases stellst du die Kerze und zündest sie an. Am nächsten Tag ersetzen Sie die Kerze durch eine neue und am dritten Tag decken Sie das Gefäß auf und werfen alles weg, bis auf die Münzen, die als Amulett dienen werden. Behalten Sie eine in Ihrer Brieftasche und lassen Sie die anderen elf zu Hause. Am Ende des Jahres müssen Sie die Münzen ausgeben.

Ritual zur Beseitigung von Argumenten

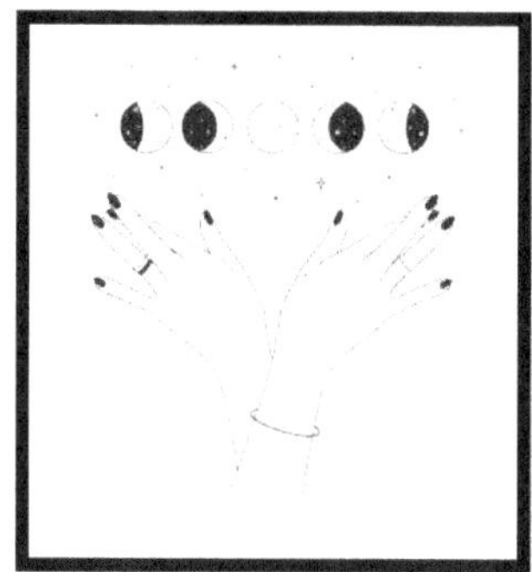

Du schreibst auf ein Blatt Papier die vollständigen Namen von dir und deinem Partner. Legen Sie es unter eine Pyramide aus Rosenquarz und wiederholen Sie in Gedanken: "Ich (Ihr Name) bin in Frieden und Harmonie mit meinem Partner (Name Ihres Partners), die Liebe umgibt uns jetzt und immer".

Diese Pyramide mit den Namen sollte in der Liebeszone deines Hauses aufbewahrt werden. Die untere rechte Ecke von der Eingangstür ist die Zone der Paare, der Liebe, der Ehe oder der Beziehungen.

Ein Ritual, das in der Liebe erwidert wird.

Für einen Zeitraum von fünf Tagen und zur gleichen Zeit sollten Sie eine Pyramide auf dem Boden mit roten Rosenblättern machen. In eine grüne Kerze schreibt man den Namen der Person, die man lieben möchte, zündet sie an und stellt sie in die Mitte der Pyramide, über das Pentagramm #3 der Venus.

Sie sitzen vor dieser Pyramide und wiederholen im Geiste: "Ich rufe alle Urkräfte des Universums an, damit (Name der Person) meiner Liebe entspricht". Nach dieser Zeit können Sie die Reste der Kerzen in den Müll werfen und das Pentagramm verbrennen.

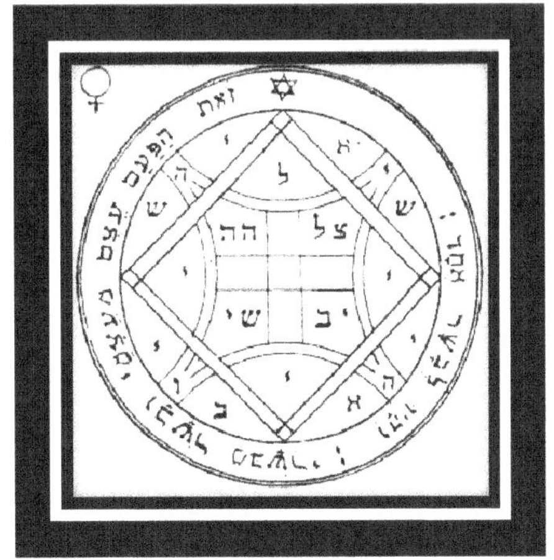

Pentagramm # 3 Venus.

Die besten Rituale für die Gesundheit

Jeder Tag im September. Vorzugsweise Montag und Freitag.

Heilendes Bad

Erforderliche Elemente:

- Aubergine
- Salbei
- Ruda
- Aguardiente
- Schale
- Florida Wasser
- Regenwasser
- Grüne Kerze (wenn sie in Pyramidenform ist, wirksamer)

Dieses Bad ist effektiver, wenn Sie es an einem Sonntag zur Zeit der Sonne oder des Jupiters durchführen. Schneiden Sie die Aubergine in kleine Stücke und legen Sie sie in einen großen Topf.

Dann den Salbei und die Weinraute im Regenwasser kochen. Gieße die Flüssigkeit über die Auberginenstücke, gib den Agua Florida, den Brandy und die Schale hinzu und zünde die Kerze an. Gießen Sie die Mischung in das Badewasser. Wenn du keine Badewanne hast, schüttest du es obendrauf und trocknest dich an der Luft ab, d.h. du benutzt kein Handtuch.

Schutzbad vor chirurgischen Eingriffen

Erforderliche Elemente:

- *Purpurglocke*
- *Kokosnuss-Wasser*
- *Schale*
- *Köln 1800*
- *Immer lebendig*
- *Minzblätter*
- *Rautenblätter*
- *Rosmarin-Blätter*
- *Weiße Kerze*

- Lavendelöl

Dieses Bad ist am effektivsten, wenn Sie es an einem Donnerstag zur Zeit des Mondes oder des Mars machen.

Du kochst alle Pflanzen im Kokosnusswasser, wenn es abgekühlt ist, siehst du es ab und fügst die Schale, Eau de Cologne und Lavendelöl hinzu und zündest die Kerze im westlichen Teil deines Badezimmers an.

Gießen Sie die Mischung in das Badewasser. Wenn Sie keine Badewanne haben, gießen Sie es über sich selbst und trocknen Sie sich nicht ab.

Oktober 2024

Sonntag	Montag	Dienstag	Mittwoch	Donnerstag	Freitag	Samstag
		1	2 Neumond	3	4	5
6	7	8	9	10	11	12
13	14	15	16 Vollmond	17	18	19
20	21	22	23	24	25	26
27	28	29	30	31		

2. Oktober 2024, ringförmige Sonnenfinsternis in Waage und Neumond 10°02'.

16. Oktober 2024, Widder Vollmond 24°34

2., 17., 31. Oktober 2024.

Zauberspruch mit Zucker und Meerwasser für Wohlstand.

Sie benötigen:
- Seewasser
- 3 Esslöffel Zucker
- 1 blauer Glasbecher

Füllen Sie die Tasse mit Meerwasser und Zucker, lassen Sie sie in der ersten Vollmondnacht im Freien stehen und nehmen Sie sie um 6:00 Uhr morgens aus dem Freien.

Dann öffnest du die Türen deines Hauses und fängst an, das Zuckerwasser vom Eingang bis zum Boden zu besprühen, benutze eine Sprühflasche, während du das tust, musst du in deinem Geist wiederholen: "Ich ziehe all den Wohlstand und Reichtum in mein Leben, von dem das Universum weiß, dass ich ihn verdiene, danke, danke, danke".

<h2 style="text-align:center">Der Zimt</h2>

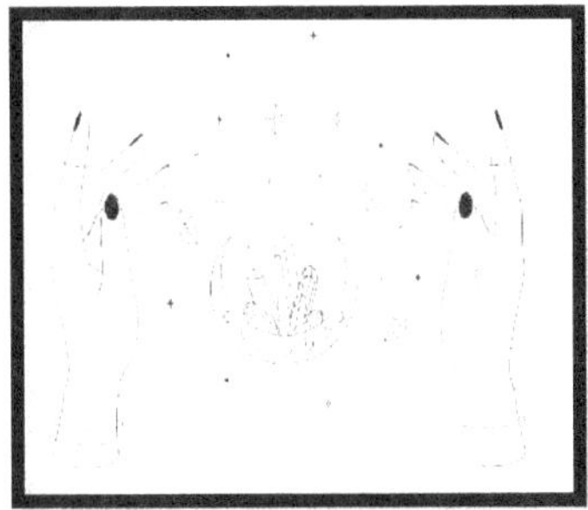

Er wird zur Reinigung des Körpers verwendet. In bestimmten Kulturen glaubt man, dass seine Kraft darin besteht, zur Unsterblichkeit zu verhelfen. Aus magischer Sicht wird Zimt aufgrund seiner weiblichen Tendenz mit der Kraft des Mondes in Verbindung gebracht.

Ritual zum sofortigen Anziehen von Geld.

Sie benötigen:
- 5 Zimtstangen
- 1 getrocknete Orangenschale
- 1 Liter Weihwasser
- 1 grüne Kerze

Zimt, Orangenschale und einen Liter Wasser zum Kochen bringen und die Mischung abkühlen lassen. Gießen Sie die Flüssigkeit in eine Sprühflasche.

Zünden Sie die Kerze im nördlichen Teil des Wohnzimmers Ihres Hauses an und besprühen Sie alle Räume, während Sie wiederholen: "Engel des Überflusses, ich rufe deine Gegenwart in diesem Haus, damit es uns an nichts fehlt und wir immer mehr haben, als wir brauchen".

Wenn Sie fertig sind, sagen Sie dreimal Danke und lassen Sie die Kerze brennen.

Sie können es an einem Sonntag oder Donnerstag zur Zeit des Planeten Venus oder Jupiter tun.

Die besten Rituale für die Liebe
Irgendwann im Oktober 2024.

Zauberspruch zum Vergessen einer alten Liebe

Sie benötigen:
- 3 gelbe pyramidenförmige Kerzen
- Meersalz
- Weißer Essig
- Olivenöl
- Gelbes Papier
- 1 schwarzes Säckchen

Dieses Ritual ist am effektivsten, wenn Sie es während der Phase des abnehmenden Mondes durchführen.

Sie schreiben in die Mitte des Papiers den Namen der Person, die Sie mit dem Olivenöl aus Ihrem Leben vertreiben wollen.

Dann stellt man die Kerzen in Form einer Pyramide darauf.

Während Sie diese Operation durchführen, wiederholen Sie in Ihrem Geist: "Mein Schutzengel kümmert sich um mein Leben, das ist mein Wunsch, und er wird in Erfüllung gehen".

Wenn die Kerzen verbraucht sind, wickeln Sie die Reste in dasselbe Papier ein und beträufeln sie mit dem Essig.

Legen Sie ihn dann in den schwarzen Sack und werfen Sie ihn an einen Ort außerhalb Ihres Hauses, vorzugsweise mit Bäumen.

Zauberspruch zum Anziehen des Seelenverwandten

Sie benötigen:
- Rosmarinblätter
- Blätter der Petersilie
- Basilikumblätter
- Metallbehälter
- 1 rote herzförmige Kerze
- Ätherisches Zimtöl
- 1 Herz auf rotem Papier gezeichnet
- Alkohol
- Lavendelöl

Sie müssen die Kerze zunächst mit dem Zimtöl weihen, sie dann anzünden und neben den Metallbehälter stellen.

Mischen Sie in dem Behälter alle Pflanzen. Schreiben Sie in das Papier Herz alle Eigenschaften der Person, die Sie in Ihrem Leben wollen, schreiben Sie die Details. Gießen Sie fünf Tropfen Lavendelöl auf das Papier und legen Sie es in den Behälter. Beträufeln Sie es mit Alkohol und zünden Sie es an. Alle Überreste sollten am Meeresufer verstreut werden. Während du das tust, konzentriere dich und bitte darum, dass diese Person in dein Leben kommt.

Ritual, um Liebe anzuziehen.

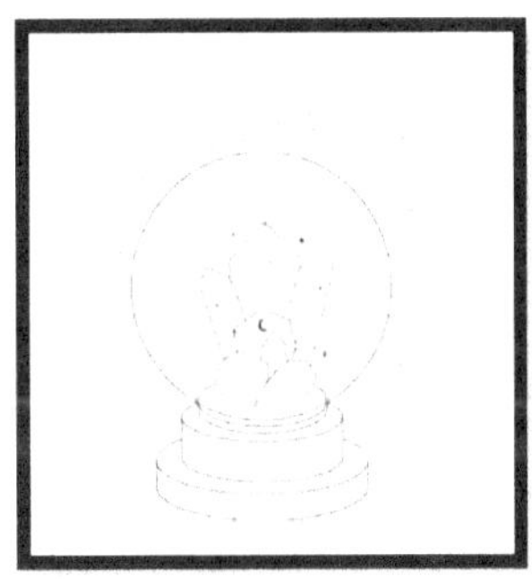

Sie benötigen.
- Rosenöl
- 1 Rosenquarz
- 1 Apfel
- 1 rote Rose in einer kleinen Vase
- 1 weiße Rose in einer kleinen Vase
- 1 lange rote Schleife

- 1 rote Kerze

Für maximale Wirksamkeit sollte dieses Ritual an einem Freitag oder Sonntag zur Zeit des Planeten Venus oder Jupiter durchgeführt werden.

Sie müssen die Kerze vor Beginn des Rituals mit Rosenöl weihen. Zünde die Kerze an. Schneiden Sie den Apfel in zwei Teile und stellen Sie einen in die rote und den anderen in die weiße Rosenvase. Binde das rote Band um die beiden Vasen. Lassen Sie sie die ganze Nacht neben der Kerze stehen, bis die Kerze ausgebrannt ist.

Während Sie dies tun, wiederholen Sie in Gedanken: "Möge die Person, die dazu bestimmt ist, mich glücklich zu machen, auf meinem Weg erscheinen, ich empfange und akzeptiere sie".

Wenn die Rosen getrocknet sind, vergraben Sie sie zusammen mit den Apfelhälften in Ihrem Garten oder in einem Topf mit dem Rosenquarz.

Die besten Rituale für die Gesundheit
Jeden Sonntag im Oktober 2024

Ritual zur Steigerung der Vitalität

Weichen Sie eine Aluminiumpyramide 24 Stunden lang in einem Eimer mit Wasser ein. Spülen Sie sich am nächsten Tag nach Ihrem normalen Bad mit diesem Wasser ab. Sie können dieses Ritual einmal pro Woche durchführen.

Rituale für den Monat November

November 2024

Sonntag	Montag	Dienstag	Mittwoch	Donnerstag	Freitag	Samstag
					1 Neumond	2
3	4	5	6	7	8	9
10	11	12	13	14	15 Vollmond	16
17	18	19	20	21	22	23
24	25	26	27	28	29	30 Neumond

1. November 2024, Skorpion-Neumond 9°34'.

15. November 2024, Vollmond im Stier 24°00'.

30. November 2024, Schütze Neumond 9°32'.

Die besten Geld-Rituale

1., 15., 30. November 2024

Machen Sie Ihren Stein, um Geld zu verdienen

Sie benötigen:

- Erde

- Heiliges Wasser

- 7 Münzen eines beliebigen Nennwerts

- 7 Pyrit-Steine

- 1 grüne Kerze

- 1 Teelöffel Zimt

- 1 Teelöffel Meersalz

- 1 Teelöffel brauner Zucker

- 1 Teelöffel Reis

Sie müssen dieses Ritual bei Vollmond durchführen, also im Freien.

Gieße das Wasser mit der Erde in ein Gefäß, so dass es eine dicke Masse wird. Füge der Mischung die Teelöffel Salz, Zucker, Reis und Zimt hinzu und platziere an verschiedenen Stellen in der Mitte des Teigs die 7 Münzen und die 7 Pyriten. Diese Mischung gleichmäßig vermischen und mit einem Löffel glattstreichen.

Lassen Sie den Behälter die ganze Nacht im Licht des Vollmonds und einen Teil des nächsten Tages in der Sonne trocknen. Nach dem Trocknen nimmst du ihn mit in dein Haus und stellst die brennende grüne Kerze auf ihn.

Reinigen Sie den Stein nicht von den Wachsresten. Stellen Sie ihn in Ihrer Küche auf, möglichst nahe an einem Fenster.

Die besten Rituale für die Liebe
Jeden Freitag und Montag im November.

Magischer Spiegel der Liebe

Besorge dir einen Spiegel mit einem Durchmesser von 40 bis 50 cm und male den Rahmen schwarz an. Wasche den Spiegel mit Weihwasser und bedecke ihn mit einem schwarzen Tuch. In der ersten Nacht des Vollmonds lässt du ihn seinen Strahlen ausgesetzt, so dass du die gesamte Mondscheibe im Spiegel sehen kannst.

Bitte den Mond, diesen Spiegel zu weihen, damit er deine Wünsche erhellt.

In der nächsten Vollmondnacht schreibst du mit einem Lippenstift alles auf, was du dir in Sachen Liebe wünschst. Geben Sie an, wie Sie Ihre Partnerin in jeder Hinsicht haben möchten.

Du schließt die Augen und stellst dir vor, wie du glücklich bist und mit ihr zusammen bist. Du lässt die geschriebenen Worte bis zum nächsten Morgen liegen.

Dann reinigst du den Spiegel mit Weihwasser, bis keine Spuren mehr von der verwendeten Farbe zu sehen sind.

Legen Sie den Spiegel an einen Ort zurück, an dem ihn niemand berührt.

Du musst den Spiegel dreimal im Jahr mit der Energie der Vollmonde aufladen, um diesen Spruch zu wiederholen. Wenn du dies zu einer planetarischen Stunde tust, die mit Liebe zu tun hat, fügst du deiner Absicht eine Superkraft hinzu.

Passion Enhancement Spell

Sie benötigen:
- 1 Blatt grünes Papier
- 1 grüner Apfel
- Roter Faden
- 1 Messer

Dieses Ritual muss an einem Freitag zur Stunde des Planeten Venus durchgeführt werden.

Du schreibst auf das grüne Blatt Papier den Namen deines Partners und deinen eigenen und zeichnest ein Herz darum.

Schneiden Sie den Apfel mit dem Messer in der Mitte durch und legen Sie das Papier zwischen die beiden Hälften.

Dann die Hälften mit dem roten Faden verbinden und 5 Knoten machen.

Sie werden in den Apfel beißen und das Stück verschlucken.

Um Mitternacht vergraben Sie die Reste des Apfels so nah wie möglich am Haus Ihres Partners, wenn Sie zusammenwohnen, vergraben Sie ihn in Ihrem Garten.

Die besten Rituale für die Gesundheit
Jeden Donnerstag im November 2024

Ritual zum Beseitigen eines Schmerzes

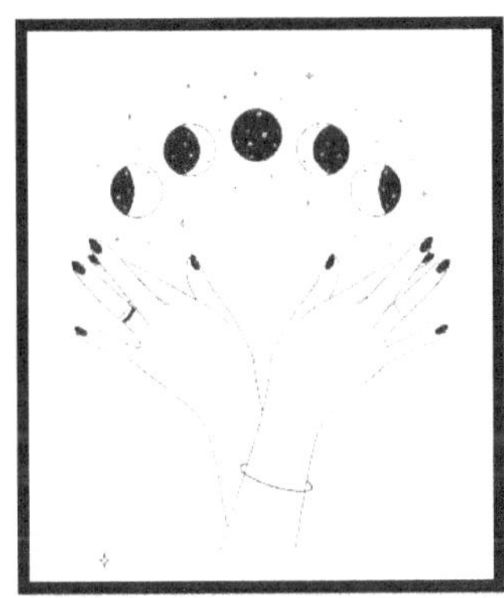

Legen Sie sich mit dem Kopf nach Norden auf den Rücken und legen Sie eine gelbe Pyramide für 10 Minuten auf den Unterbauch, damit die Beschwerden verschwinden.

Entspannungsritual

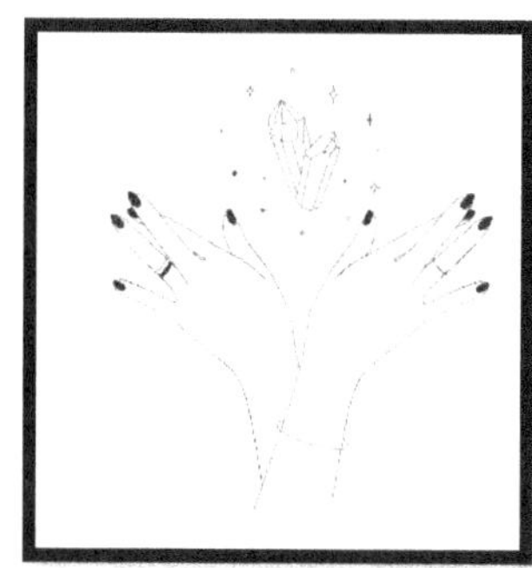

Nimm eine violette Pyramide in die Hand und lege dich dann mit geschlossenen Augen auf den Rücken, halte deinen Geist leer und atme sanft. In diesem Moment wirst du spüren, dass deine Arme, Beine und dein Brustkorb taub werden.

Danach werden Sie sie schwerer spüren, das bedeutet, dass Sie völlig entspannt sind, dieses Ritual schafft Frieden und Harmonie.

Ritual für ein gesundes Älterwerden

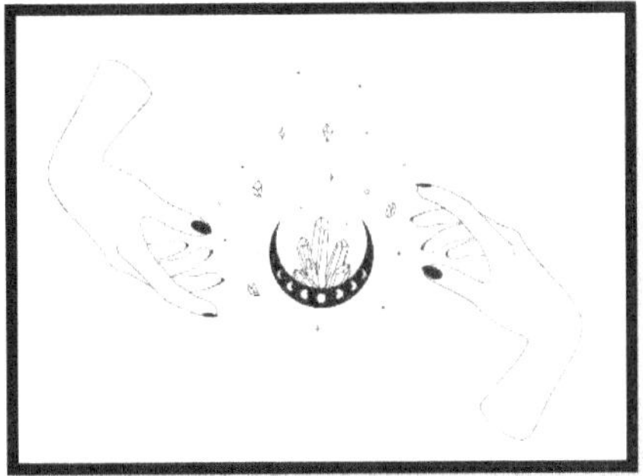

Du musst ein großes Ei nehmen und es golden anmalen.

Wenn die Farbe getrocknet ist, stellst du sie in einen Kreis, den du mit 7 Kerzen (1 rote, 1 gelbe, 1 grüne, 1 rosa, 1 blaue, 1 violette, 1 weiße) auslegst. Sie setzen sich vor den Kreis, bedecken Ihren Kopf mit einem weißen Schal und zünden die Kerzen im Uhrzeigersinn an. Wiederholen Sie beim Anzünden der Kerzen die folgenden Affirmationen:

Ich bin dabei, die beste Version meiner selbst zu werden.

Meine Möglichkeiten sind endlos.

Ich habe die Freiheit und die Macht, das Leben zu gestalten, das ich mir wünsche.

Ich entscheide mich dafür, freundlich zu mir selbst zu sein und mich bedingungslos zu lieben.

Ich tue, was ich kann, und das ist genug.

Jeder Tag ist eine Chance für einen Neuanfang.

Wo immer ich auf meiner Reise bin, da gehöre ich hin.

Lassen Sie die Kerzen ausbrennen.

Dann vergräbt man das Ei in einem Tontopf, füllt ihn mit Strandsand und lässt ihn drei Tage und drei Nächte lang dem Licht der Sonne und des Mondes ausgesetzt.

Du bewahrst diesen Topf drei Jahre lang in deinem Haus auf. Am Ende dieser Zeit gräbst du das Ei aus, brichst die Schale auf und lässt alles, was du darin findest, als Schutzamulett in deinem Haus.

Zauberspruch zur Heilung von Schwerkranken

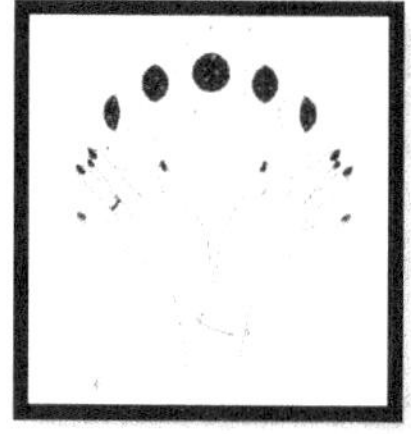

Legen Sie in einen Metallbehälter die Diagnose des Arztes und ein aktuelles Foto der Person. Stellen Sie zwei grüne Kerzen auf jede Seite des Behälters und zünden Sie sie an.

Verbrennen Sie den Inhalt des Behälters und fügen Sie während des Verbrennens die Haare der Person hinzu.

Wenn nur Asche vorhanden ist, legt man sie in einen grünen Umschlag, mit dem der Kranke 17 Tage lang unter seinem Kopfkissen schlafen soll.

Dezember 2024

Sonntag	Montag	Dienstag	Mittwoch	Donnerstag	Freitag	Samstag
1	2	3	4	5	6	7
8	9	10	11	12	13	14 Vollmond
15	16	17	18	19	20	21
22	23	24	25	26	27	28
29	30 Neumond	31				

15. Dezember 2024 Zwillinge Vollmond 23°52'.

30. Dezember 2024 Steinbock Neumond 9°43'.

Die besten Geld-Rituale

14., 20., 30. Dezember 2024

Hindu-Ritual zum Anziehen von Geld.

Die perfekten Tage für dieses Ritual sind Donnerstag oder Sonntag, zur Zeit der Planeten Venus, Jupiter oder Sonne.

Sie benötigen:

- Ätherisches Öl der Weinraute oder des Basilikums

- 1 Goldmünze

- 1 neue Handtasche oder Brieftasche

- 1 Weizenähre

- 5 Schwefelkies

Du musst die Goldmünze weihen, indem du sie mit Basilikum- oder Rautenöl salbst und sie Jupiter weißt. Während du sie salbst, wiederhole im Geiste:

"Ich möchte, dass du diese Münze mit deiner Energie durchtränkst, damit wirtschaftlicher Reichtum in mein Leben kommt".

Dann bestreichst du die Weizenähre mit Öl und bittest Jupiter, dass es in deinem Haus nicht an Nahrung mangelt. Du nimmst die Münze zusammen mit den fünf Pyriten und legst sie in den neuen Münzkasten, du musst sie vorne links in deinem Haus vergraben. Die Ähre bewahrst du in der Küche deines Hauses auf.

Geld und Reichtum für alle Familienmitglieder.

Sie benötigen:
- 4 Steingutbehälter
- 4 Pentakel #7 von Jupiter (Sie können sie ausdrucken)

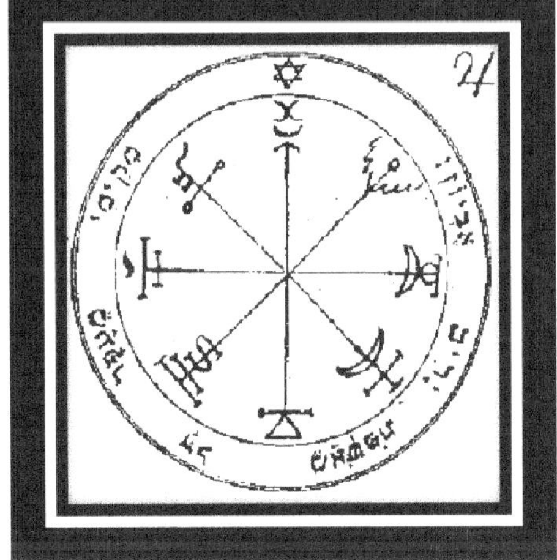

Pentagramm #7 der Jupiter.

- Honig
- 4 Zitrinen

Am Freitag zur Stunde des Planeten Jupiter schreibst du die Namen aller Personen, die in deinem Haus leben, auf die Rückseite des siebten Pentagramms von Jupiter.

Legen Sie dann jedes Stück Papier zusammen mit den Zitrusfrüchten in die Tontöpfe und gießen Sie Honig darüber.

Stelle die Töpfe in die vier Himmelsrichtungen deines Hauses.

Lassen Sie sie dort einen Monat lang stehen. Nach Ablauf dieser Zeit wirfst du den Honig und die Pentakel weg, aber den Zitrinen behältst du in deinem Wohnzimmer.

Die besten täglichen Rituale für die Liebe
Freitag und Sonntag Dezember 2024

Ritual, um eine Freundschaft in Liebe zu verwandeln

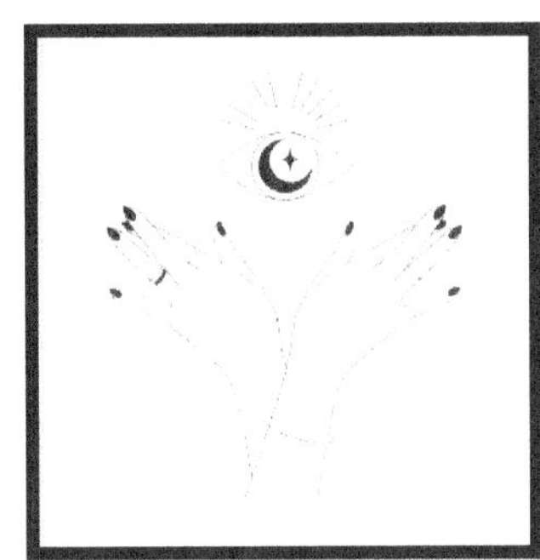

Dieses Ritual ist am wirkungsvollsten, wenn Sie es an einem Dienstag zur Stunde der Venus durchführen.

Sie benötigen:

- 1 Ganzkörperfoto der Person, die Sie lieben
- 1 kleiner Spiegel
- 7 deines Haares
- 7 Tropfen deines Blutes
- 1 rote Pyramidenkerze
- 1 goldenes Säckchen

Gieße die Tropfen deines Blutes auf den Spiegel, lege das Haar darauf und warte, bis es getrocknet ist. Legen Sie das Foto auf den Spiegel (wenn das Blut getrocknet ist).

Du zündest die Kerze an und stellst sie rechts neben den Spiegel, konzentrierst dich und wiederholst es:

"Wir sind für immer verbunden durch die Kraft meines Blutes und die Kraft der (Name der Person, die du liebst) Liebe, die ich für dich empfinde. Die Freundschaft endet, aber die ewige Liebe beginnt."

Wenn die Kerze verbraucht ist, musst du alles in den goldenen Beutel geben und ihn ins Meer werfen.

Germanischer Liebeszauber

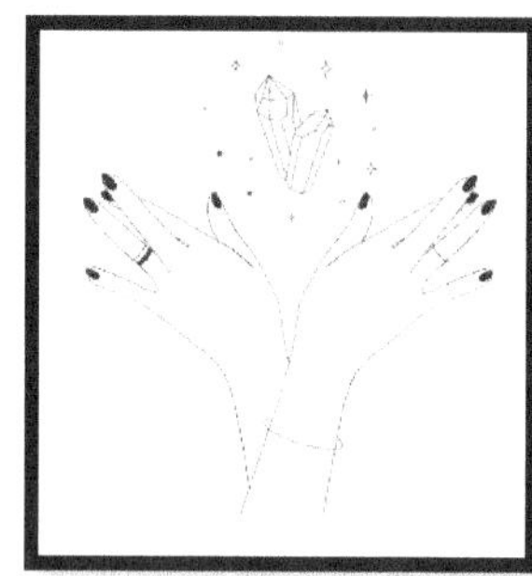

Dieser Zauber ist am wirksamsten, wenn du ihn während der Vollmondphase um 23:59 Uhr nachts ausführst.

Sie benötigen:
- 1 Foto der Person, die Sie lieben
- 1 Foto von Ihnen
- 1 Weißes Taubenherz
- 13 Sonnenblumenblütenblätter
- 3 Stifte
- 1 rosa Kerze
- 1 blaue Kerze
- 1 neue Nähnadel
- Brauner Zucker
- Zimtpulver
- 1 Tisch

Legen Sie die Fotos oben auf das Brett, legen Sie das Herz darauf und stecken Sie die drei Stecknadeln hinein. Umgeben Sie sie mit den Sonnenblumenblättern und stellen Sie die rosa Kerze auf die linke und die blaue Kerze auf die rechte Seite und zünden Sie sie in der gleichen Reihenfolge an.

Du stichst dir in den Zeigefinger deiner linken Hand und lässt drei Blutstropfen über dein Herz fallen. Während das Blut fällt, wiederholst du dreimal: "Durch die Kraft des Blutes gehörst du (Name der Person) zu mir".

Wenn die Kerzen verbraucht sind, vergräbt man alles, und bevor man das Loch schließt, streut man Zimtpulver und braunen Zucker hinein.

Bann der Rache

Sie benötigen:
- 1 Flussstein
- Roter Pfeffer
- Foto der Person, die Ihre Liebe gestohlen hat
- 1 Topf

- Friedhofserde
- 1 schwarze Kerze

Sie müssen auf die Rückseite des Fotos die folgende Beschwörungsformel schreiben: "Bei der Macht der Rache verspreche ich dir, dass du es mir zurückzahlen und nie wieder jemandem wehtun wirst, du bist entlassen.

(Name der Person)".

Legen Sie dann das Foto der Person in den Boden des Topfes und legen Sie den Stein darauf, gießen Sie die Friedhofserde und den roten Pfeffer in dieser Reihenfolge.

Du zündest die schwarze Kerze an und wiederholst die gleiche Beschwörungsformel, die du hinter das Foto geschrieben hast. Wenn die Kerze verbraucht ist, werfen Sie sie in den Müll und den Blumentopf, den Sie an einem Ort hinterlassen, der ein Berg ist.

Die besten Rituale für die Gesundheit

Jeden Donnerstag im Dezember 2024

Kristalliner Grill für Gesundheit

*Der erste Schritt ist die Entscheidung, welches Ziel Sie manifestieren wollen. Sie schreiben auf ein Blatt Papier Ihre Wünsche in Bezug auf Ihre Gesundheit, immer im Präsens, sie sollten nicht das Wort **NEIN** enthalten. Ein Beispiel wäre: "Ich habe perfekte Gesundheit".*

Erforderliche Elemente.
- *1 großer Amethyst quarz (der Fokus)*
- *4 Lari mär*
- *4 kleine Karneol quarze*
- *6 Tigerauge-Quarz*
- *4 Zitrinen*
- *1 Geometrische Figur der Blume des Lebens*
- *1 weiße Quarzspitze zur Aktivierung des Gitters*

Blume des Lebens.

Dieser Quarz sollte vor dem Ritual gereinigt werden, um die Steine von den Energien zu befreien, die sie möglicherweise absorbiert haben, bevor sie in Ihre Hände gelangen, am besten mit Meersalz. Lassen Sie sie über Nacht im Meersalz liegen. Wenn du sie herausnimmst, kannst du auch einen Palo Santo anzünden und sie räuchern, um den Reinigungsprozess zu verstärken.

Die geometrischen Muster helfen uns, besser zu visualisieren, wie sich die Energien zwischen den Knoten verbinden; die Knoten sind die entscheidenden Punkte in der Geometrie, sie sind die strategischen Positionen, an denen du die Kristalle platzierst, so dass ihre Energien miteinander interagieren und energetische Ströme mit hohen Schwingungen erzeugen (als wäre es ein Stromkreis), die wir in Richtung unserer Absicht lenken können.

Sie werden sich einen ruhigen Ort suchen, denn wenn wir mit kristallinen Geweben arbeiten, arbeiten wir mit universellen Energien.

Du nimmst die Steine einen nach dem anderen und legst sie in deine linke Hand, die du in Form einer Schale hältst, bedeckst sie mit deiner rechten Hand und wiederholst laut der Namen der Reiki-Symbole: Cho Ku Rei, Sei He Ki, Hon Sha Ze Sho Nen und Dai Ko Mio, jeweils drei Mal hintereinander.

Sie werden dies tun, um Ihre Steine zu energetisieren.

*Falten Sie Ihr Papier und legen Sie es in die Mitte des Netzes. Du legst den großen Amethyst quarz obendrauf, dieser Stein in der Mitte ist der Fokus, die anderen legst du wie im *Beispiel.*

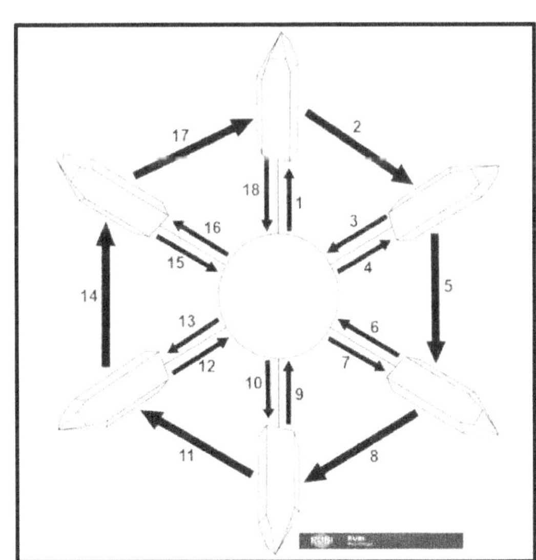

Sie verbinden sie mit der Quarzspitze, beginnend mit dem Kreisfokus im Uhrzeigersinn.

Wenn Sie den Grill aufgestellt haben, lassen Sie ihn an einem Ort stehen, an dem ihn niemand berühren kann. Alle paar Tage sollten Sie ihn wieder anschließen, d.h. mit der Quarzspitze aktivieren, indem Sie in Gedanken visualisieren, was Sie auf das Papier geschrieben haben.

Planetarische Regent schäften der Tage.

Sonntag - Sonne
Montag - Mond
Dienstag - Mars
Mittwoch - Merkur
Donnerstag - Jupiter
Freitag - Venus
Samstag - Saturn

Weihe der Kerzen

In magischen Ritualen ist es wichtig, die Kerzen mit Ölen zu weihen, um mehr Energien anzuziehen. Diese Salbung ist ein grundlegender Teil des Prozesses.

Während der Weihe sollten Sie sich auf den Zweck des Rituals konzentrieren, und sie sollte am astrologisch richtigen Tag durchgeführt werden.

Die Verfahren sind wie folgt:

Verteile mit den Fingern deiner rechten Hand einige Tropfen Öl auf der Kerze, von der Mitte bis zum Docht, und versuche, sie feucht zu halten. Dann wiederholst du den gleichen Vorgang, aber von der Mitte zur Basis der Kerze.

Die andere Form der Weihe besteht darin, das Öl von unten nach oben auf der Kerze zu verteilen.

Diese Art der Salbung ist ausschließlich für Rituale vorgesehen, bei denen etwas gebrochen wird.

Das dritte und letzte Modell der Segnung besteht darin, die Kerze, die wir in unserem Ritual verwenden werden, von oben nach unten zu salben. Diese Art der Weihe ist ausschließlich für die Kerzen, die für Anziehungsrituale bestimmt sind.

Magischer Kreis für Ihre Rituale

Der magische Kreis ist ein geweihter Kreis, in dem geheime Arbeiten durchgeführt werden. Er ist ein hermetischer Raum für Zaubersprüche und Rituale, er wirkt als Schutzbarriere gegen schlechte Energien.

Innerhalb dieses magischen Kreises kann die Person, die das Ritual durchführt, jedes geistige Wesen anrufen oder beschwören, dass sie zur Unterstützung des Rituals benötigt.
Die magischen Kreise werden so angelegt, dass der Magier und die am Ritual teilnehmenden Personen während des magischen Vorgangs dortbleiben.
Der Kreis muss sauber und heilig gehalten werden, um als Schutzwand zu funktionieren.

Sie müssen den Raum für das Ritual abgrenzen, bevor Sie beginnen. Nicht alle von uns zeichnen den Kreis auf dieselbe Weise, experimentieren Sie mit dem, was für Sie am besten machbar ist.
Es ist sehr wichtig, den Raum zu bestimmen, den Sie für Ihr Ritual nutzen werden. Prüfen Sie, ob Sie sitzen oder

stehen müssen, ob Sie allein sein werden oder ob Sie von anderen Menschen begleitet werden.

Sie sollten sich vergewissern, dass Sie alles haben, was Sie für das Ritual brauchen, bevor Sie den Kreis umrunden. Wenn Sie das Ritual aus irgendeinem Grund unterbrechen müssen, versuchen Sie, sich eine kleine Tür im Kreis vorzustellen, die Sie schließen können, bis Sie zurückkehren.
Auf diese Weise wird der Kreis nicht unterbrochen. Reinige deinen Ritualbereich, säubere ihn physisch, organisiere ihn und sauge ihn ab, falls nötig. Reinigen Sie den Bereich von negativen Energien und Sie können beginnen, Ihren Kreis zu zeichnen.

Es gibt verschiedene Möglichkeiten, die Spuren mit dem Zauberstab oder von Hand zu ziehen.

Das Instrument, das Sie benutzen, muss den Boden nicht berühren, sondern nur nach unten gerichtet sein. Visualisieren Sie die Energie, die aus Ihrem Inneren kommt, und konzentrieren Sie sie auf Ihren dominanten Arm.
Konzentriere dich auf dein Instrument und stelle dir einen Energiestrahl vor, der von ihm ausgeht und mit dem Boden verschmilzt. Manche Zauberer rufen die vier Punkte (Norden, Süden, Osten und Westen), wenn das Ritual Beschwörungen beinhaltet.

In manchen Fällen wird der Kreis mit Kerzen oder Steinen abgegrenzt. Es ist ratsam, sich den Kreis als eine Energiekugel vorzustellen. Sobald der Kreis gezeichnet ist, können Sie mit dem Ritual beginnen, aber Sie sollten niemals die Existenz des Kreises vergessen.

Um den Kreis zu öffnen, ist er im Uhrzeigersinn markiert, um ihn zu verlassen und zu schließen, gegen den Uhrzeigersinn.

Um den Kreis zu schützen und ihn optisch zu markieren, können Sie vier schwarze Turmaline in die vier Himmelsrichtungen legen.
Wenn man den Kreis schließt, hebt man sie auf und reinigt sie mit Meersalz.

Zusammenfassend kann man sagen, dass Rituale aus zwei wichtigen Phasen bestehen: Organisation und Durchführung.

Während der Vorbereitung legen wir das Ziel des Rituals fest, die Uhrzeit und den Tag, an dem wir beginnen, die passenden Farben, die Kerzen, den Weihrauch, die Gestaltung des Altars.

Die Kleidung, die wir tragen werden, muss sehr leicht sein, damit wir uns bewegen können.
Die Farben können weiß oder hell sein, so dass ein energetisches Fließverhalten entsteht. Die benötigten Materialien, sowie die Texte.

Wenn wir fortfahren, d.h. in der Ausführungsphase, müssen wir den Raum reinigen, den Altar vorbereiten und nicht nur geistig, sondern auch körperlich entspannt sein. Öffnen Sie den magischen Kreis und beginnen Sie zu visualisieren den Zweck des Rituals bereits erfüllt.

Die Anrufungen sind von großer Bedeutung, schreiben Sie das Gebet, das Sie in dem jeweiligen Moment sprechen sollen, genau auf oder wiederholen Sie es.

Anrufungen und Gebete sind so gestaltet, dass sie die Verbindung zwischen der materiellen Welt, mit der Sie arbeiten, und der geistigen Welt, in die Sie Schwingungen senden, darstellen.

Verändern Sie kein Wort und befolgen Sie alle Anweisungen.
Vergessen Sie schließlich nicht, dass Ihre geistigen Führer, Erzengel, Engel oder Heiligen die Fürsprecher bei Gott oder dem Universum sind, damit Ihre Wünsche erfüllt werden.

Sprechen Sie die Worte immer mit dem Glauben und der Zuversicht, dass das, was Sie sich wünschen, in Erfüllung gehen wird.

Du darfst nicht vergessen, dass die Kerzen mit Holzstreichhölzern angezündet werden, dass sie gesalbt oder geweiht werden müssen, und schließe schließlich deinen magischen Kreis.

Was ist ein Pendel?

Bei dieser Definition sollten wir nicht zu anspruchsvoll sein. Das Pendel ist ein biegsames Objekt aus einem Faden, einer Kette usw., an dessen Ende ein schwerer Körper (Lot, Nagelspitze, Quarz usw.) befestigt ist.

Mit anderen Worten: Wenn Sie Ihre Halskette, auch wenn der Anhänger ein Bergkristall ist, an einem Ende anfassen und den Kristall baumeln lassen, wirkt er wie ein Pendel.

Der Begriff Pendel hat seinen etymologischen Ursprung in "pendulus", einem lateinischen Wort, das mit "Pendel" übersetzt werden kann. Seine Beschreibung lautet: Ein fester Körper, der aus einer Gleichgewichtslage, die durch einen festen Punkt bestimmt wird, an dem er über seinem Schwerpunkt aufgehängt ist, frei schwingen kann, zunächst nach einer Seite und dann nach der anderen.

Kurz gesagt, es ist ein Objekt, das schwingt, hängt von einem anderen, von denen wir verstehen, dass jedes Objekt, das die Funktion des Pendels ausüben kann, wird für diese Praxis gültig sein, obwohl es wahr ist, dass sowohl seine Form und Material Einfluss, das Wichtigste ist die Person.

Das Pendel ist eine der Methoden zum Aufspüren von Magnetfeldern, die sich aus der Verwendung der Zweige bestimmter Bäume zum Auffinden von Grundwasser und fruchtbarem Boden entwickelt hat. Im Englischen ist sie als "dowsing" bekannt, und wir haben sie in Cowboy-Filmen auf der Suche nach Wasser, Gold und dann Öl gesehen.

Im Jahr 1922 veröffentlichte der Arzt Albert Abrams einen der ersten Texte über die Kräfte des Pendels bei der Erkennung und Heilung bestimmter Krankheiten. Im Zweiten Weltkrieg wurden Berichte über seine Verwendung zum Auffinden von Wasser und Feldfrüchten sowie zur Verhinderung der Annäherung feindlicher Truppen veröffentlicht.

Das Pendel schwingt, weil Ihr Körper mit überempfindlichen Sinnen ausgestattet ist, die in der Lage sind, Informationen aus der feinstofflichen Ebene zu empfangen. Er leitet sie an Ihr Unterbewusstsein weiter, das sie seinerseits durch unmerkliche, unbewusste Reaktionen der Muskeln, die sich in der Art der Schwingungen zeigen, an Ihr Bewusstsein weitergibt. So ist die Bewegung des Pendels in Ihren Händen nichts anderes als der sichtbare Aspekt Ihrer psychischen Fähigkeit, Schwingungen einzufangen und sie in Muskelreaktionen umzuwandeln.

Die Verwendung des Pendels.

Verschiedenes. Von der Kenntnis des Geschlechts eines ungeborenen Babys bis hin zum Intelligenzniveau eines Menschen. Vorhersage der Zukunft. Die Lösung eines Problems finden, usw.

Das Pendel ermöglicht es uns, Fernheilung durchzuführen, mit einem sehr hohen Prozentsatz der Wirksamkeit. Es gibt uns die Möglichkeit zu testen, ob der Patient durch eine Genopathie, chronische Krankheit und Wiederherstellung der Energie der Liebe betroffen ist.
Das Pendel kann auch für Selbstheilungsbehandlungen verwendet werden.

Die Verwendung des Pendels:

- *Engt Blockierung, Ausgleich und Ermächtigung der 7 Chakren.*
- *Zelluläre Neuprogrammierung. Beseitigen Sie das zelluläre Gedächtnis einer Krankheit und gewinnen Sie das Wissen um die perfekte Gesundheit zurück.*
- *Behandlung zum Aufspüren und Reinigen von Magie, astralen Larven und Flüchen.*
- *Auricher Versiegelung. Erkennen und Reparieren von Rissen in den verschiedenen Schichten der Aura.*

- *Die Harmonisierung von Räumen ist ein weiterer Vorteil, den wir mit dem Pendel haben können. Wir können Energien harmonisieren und neutralisieren und hoch schwingende Energien in jedem Raum zum Schwingen bringen.*

- *Sie kann genutzt werden, um Entscheidungen zu treffen und Aspekte des täglichen Lebens herauszufinden.*

- *Um eine Ja- oder Nein-Wahrsage zu machen.*
- *Erkundigen Sie sich nach der Durchführbarkeit eines Rituals.*
- *Einholung von Feedback und Beratung durch höhere Instanzen.*
- *Den energetischen Zustand bestimmter Bereiche einer Person zu analysieren.*
- *Finden Sie den richtigen Ort, um ein Ritual durchzuführen.*
- *Um herauszufinden, wo eine Quelle negativer Energie, die Sie neutralisieren wollen, versteckt ist.*
- *Verloren gegangene Gegenstände wiederfinden.*
- *Wählen Sie Bachblüten oder ätherische Öle.*
- *Erkennen Sie schädliche kosmische, tellurische, karmische, elektromagnetische und menschliche Wellen.*
- *Tiere aufspüren.*
- *Das Niveau und die Art der Energie in unserem Haus zu kennen.*
- *Suche nach vermissten Personen.*
 - *Bestimmen Sie, welche Reinkarnation aus der Vergangenheit wichtig ist, kennen Sie Datum, Ort,*

Geschlecht, Zweck des Lebens während der Reinkarnation, und sogar die Gründe für den Tod dieses früheren Lebens.

Das Pendel kann in Kombination mit anderen Elementen, wie z. B. Tarotkarten, zur Weissagung verwendet werden.

Die Magie des Rosmarins

Rosmarin ist von Natur aus heiß und trocken. Seine Wurzeln, Zweige, Rinde, Blüten und Blätter haben fast unendliche Tugenden.

Die zartesten Blätter des Rosmarins, morgens auf nüchternen Magen mit Brot und Salz gegessen, stärken Kopf und Gehirn, halten das Sehvermögen scharf und stark.

Die Rosmarinblüten und -blätter, pulverisiert und auf die linke Seite gelegt, vertreiben die Traurigkeit und erfreuen das Herz.

Die Rosmarinblüte, auf nüchternen Magen mit Honig aus derselben Blüte und einem Toastbrot gegessen, bewahrt die Gesundheit.

Der Rauch des Rosmarins vertreibt alle Plagegeister und schlechten Ansteckungen. Die Zweige und der Stamm des Rosmarins, verbrannt und pulverisiert, dienen dazu, die Zähne aufzuhellen und zu stärken, und lassen keine Würmer oder Kälte in ihnen brüten.

In Häusern, in denen es üblich ist, Rosmarin zu räuchern, halten sich keine bösen Geister auf.

Wer sich angewöhnt, seinen Körper mit dem abgekochten Wasser des Rosmarins zu baden, wird Gesundheit und Jugend bewahren. Wer an Rheumatismus leidet, wird geheilt, wenn er den Rauch der Rosmarinrinde durch die Nase aufnimmt.

Die zerkleinerten und zu einer Paste verarbeiteten Blätter des Rosmarins werden auf die Knochenbrüche der Kinder gelegt und heilen, schweißen und stärken sie in neun Tagen.

Die Rosmarinblüte, mit Honig vermischt und morgens und abends eingenommen, heilt von allem verborgenen Übel, bewahrt und schützt vor allen Krankheiten, die von Schleim, Viskosität und Kälte herrühren.

Die getrocknete grüne Rosmarinblüte, mit Zucker vermischt und morgens mit einem Schluck Weißwein eingenommen, vertreibt die Übel des Herzens, beseitigt Blähungen und Magenschmerzen und beruhigt schließlich das Erbrechen.

Die Frau, die wenig Milch hat, um ihre Kinder zu stillen, sollte die Blätter und Blüten des Rosmarins essen, und es wird eine Fülle von Milch verursachen, weil es das Blut reinigt und die Verdauung beruhigt.
Das Gesicht mit Rosmarinwasser mit einem Leinentuch zu waschen, macht es schön, frisch und strahlend, und wenn es Wein wäre, der mit Rosmarin statt mit Wasser gekocht wurde, wäre es noch besser, denn wenn man es täglich anwendet, bekommt das Gesicht keine Falten, sondern bleibt frisch und schön, und es entfernt Flecken und Verschmutzungen aus dem Gesicht.

Die Blätter und Wurzeln des Rosmarins, mit Essig
gekocht, dienen zur Beseitigung der Schmerzen von müden
Beinen und Füßen beim Gehen, wenn sie damit gewaschen
werden.

Der Feng-Shui-Wohlstandsfrosch.

Dieser Frosch sollte in der Nähe des Hauseingangs platziert werden und nach innen gerichtet sein. Für Geschäftsleute ist es besser, ihn im Reichtum zu platzieren. Man sollte ihn nie im Schlafzimmer, in der Küche und im Badezimmer haben.

Lassen Sie ihn nie auf dem Boden liegen. Er muss oben auf etwas Rotem liegen. Wenn du den Frosch mit dem Rubin kaufst, achte darauf, dass die Seite nach oben zeigt (und niemals nach unten), wenn du ihn in das Maul des Frosches steckst.

Wenn Sie eine Münze mit chinesischer Schrift auf der einen und Symbolen auf der anderen Seite kaufen, achten Sie darauf, dass die Seite mit den chinesischen Symbolen nach oben zeigt, wenn Sie die Münze in den Mund des Frosches stecken.

Es wird empfohlen, dass Sie insgesamt neun Frösche in Ihrem Haus haben. Platzieren Sie sie diskret und in verschiedenen Richtungen.

Feng-Shui für Geldbeutel, Brieftasche oder Portemonnaie.

Achten Sie darauf, dass Ihre Brieftasche oder Ihr Portemonnaie ordentlich ist und nicht mit Papieren vollgestopft ist, die Sie nicht brauchen. Dein Portemonnaie sollte geräumig sein und Platz für mehr Geld haben. Farben haben Energie und Sie sollten die Farbe Ihres Portemonnaies sorgfältig auswählen.

Rot ist eine sehr glücksverheißende Farbe; sie gilt als Anziehungspunkt für Reichtum und Überfluss.

Blau ist die Farbe des Wasserelements und im Feng-Shui das uralte Symbol des Überflusses, was Blau zu einer ausgezeichneten Wahl für einen wohlhabenden Geldbeutel macht.

Schwarz ist auch die Farbe des Wasserelements im Feng-Shui, also eine gute Wahl für eine Geldbörse oder ein Portemonnaie.

Braun ist die beliebteste Farbe (nach Schwarz), da es viele natürliche Ledertexturen gibt, die diese Option sehr attraktiv machen. Es ist auch sehr günstig für die Anziehung von Fülle.

Grün, das im Feng-Shui dem Holzelement zugeordnet wird, ist eine ausgezeichnete Farbwahl, weil es frisch wirkt.

Die Zone des Reichtums in Ihrem Haus.

Überprüfen Sie die Pläne Ihres Hauses, wenn Sie feststellen, dass es rechteckig ist, stellen Sie sich an die Eingangstür, und der Bereich des Reichtums wird unten links sein. Das heißt, wenn es ein Rechteck ist, unten links auf dem Plan.

Es gibt eine sehr starke Verbindung zwischen diesem Bereich Ihres Hauses und dem, wie es Ihnen in Ihrem wirtschaftlichen Bereich geht. An diesem Ort sollte es keine Dinge geben, die Sie nicht brauchen, Sie sollten Salzlampen, Wasserbrunnen, Bilder, die Wohlstand repräsentieren und goldene Ornamente aufstellen.

Zimt

Er wird zur Reinigung des Körpers verwendet. In bestimmten Kulturen glaubt man, dass seine Kraft darin besteht, zur Unsterblichkeit zu verhelfen. Aus magischer Sicht wird Zimt aufgrund seiner weiblichen Tendenz mit der Kraft des Mondes in Verbindung gebracht.

Ritual zum sofortigen Anziehen von Geld.

Sie benötigen:

- 5 Zimtstangen

- 1 getrocknete Orangenschale

- 1 Liter Weihwasser

- 1 grüne Kerze

Zimt, Orangenschale und einen Liter Wasser zum Kochen bringen und die Mischung abkühlen lassen. Gießen Sie die Flüssigkeit in eine Sprühflasche. Zünde die Kerze im nördlichen Teil des Wohnzimmers deines Hauses an und besprühe alle Räume, während du wiederholst: "Engel der Fülle, ich rufe deine Gegenwart in diesem Haus, damit es uns an nichts mangelt und wir immer mehr haben, als wir brauchen". Wenn Sie fertig sind, sagen Sie dreimal Danke und lassen Sie die Kerze brennen. Du kannst es an einem Sonntag oder Donnerstag zu den Stunden des Planeten Venus oder Jupiter machen.

Knoblauch

Genauso wie Salz als Schutzmittel oder Essig als Blocker wirkt, ist Knoblauch nachweislich der *effizientesten Neutralisation und Reiniger für schlechte Energien. Alte Magier empfahlen ihn in fast allen ihren Formeln.*

Ritual zur Vertreibung schlechter Schwingungen aus Ihrem Haus.

Hängen Sie einundzwanzig Tage lang eine Schnur mit Knoblauch hinter der Haustür Ihres Hauses auf. Sie sollte mindestens fünfzehn Knoblauchköpfe enthalten. Am oberen Ende knüpfen Sie ein rotes Band und stecken drei Nadeln durch. Am unteren Ende befestigen Sie ein gelbes Band mit sieben Nadeln. Sie sollten diese Knoblauchzehen nicht als Lebensmittel verzehren, da sie alle negativen Einflüsse in Ihrem Haus gesammelt haben. Nach dieser Zeit kann man sie auf folgende Weise sehen.

-trocken: Es gibt noch negative Energien in Ihrer Umgebung. Lege sie zurück.

-Clogs: Es gibt keine schlechten Schwingungen mehr in Ihrem Haus. Der Knoblauch hat sie absorbiert.

- Sie haben an Lautstärke abgenommen: Schlechte Energien kommen leicht ins Haus und verlassen es wieder. Sie sollten eine Schnur aus Knoblauch auf jeder Seite der Tür hängen und eine weiße Kerze jeden Sonntag zur Stunde des Planeten Saturn anzünden.

Mystische Formel mit Knoblauch gegen Unglück.

Sie benötigen:

- 3 Köpfe Knoblauch

- 1 Hufeisen mit 7 Löchern

- 1 weiße Kerze

- 1 rote Stofftasche

- 1 schwarzer Turmalin oder Obsidian

- Ein paar Tropfen Pfefferminz- oder Zitronenöl

Beginne dieses Ritual zur Zeit des Planeten Mars an einem Donnerstag. Gieße das Öl deiner Wahl über die Kerze und zünde sie dann an. Lege das Hufeisen mit der Öffnung nach links, den Quarz in die Mitte und die Knoblauchzehen um die Kerze. Lassen Sie die Kerze herunterbrennen.

Geben Sie die Reste des Wachses, des Quarzes und des Knoblauchs in das Säckchen und fügen Sie drei weitere Tropfen des Öls hinzu. Schlafen Sie damit sieben Nächte hintereinander unter Ihrem Kopfkissen und tragen Sie es dann als Amulett bei sich.

Essig

Essig ist eine der wirksamsten Haushaltszutaten zur Abwehr schlechter Energien. Vom Wäschewaschen über das Reinigen von Fußböden bis hin zur Abwehr unerwünschter Personen - seine Kraft ist unermesslich.

Ritual, um Neid von Ihrem Haus fernzuhalten.

Stellen Sie in vier Ecken Ihrer Wohnung, die mit den vier Himmelsrichtungen übereinstimmen, neun Tage lang ein kleines Glas mit Essig auf. Am zehnten Tag fügen Sie jeweils eine Handvoll Meersalz hinzu und am elften und zwölften Tag etwas mehr Essig. Nach Ablauf der zwölf Tage lassen Sie die gesamte Flüssigkeit über das Bad ab, zünden eine weiße Kerze an und danken Ihren geistigen Führern, dass sie alle Menschen mit schlechten Augen von Ihrem Haus ferngehalten haben.

Honig

Honig wird seit vielen Jahrhunderten verwendet und ist zusammen mit Zucker wahrscheinlich die geeignetste

Zutat für die Durchführung von Ritualen auf allen magischen Ebenen.

Honig-Ritual, um Wohlstand in dein Leben zu bringen.

Sie benötigen:

- 1 weiße Kerze

- 1 blaue Kerze

- 1 grüne Kerze

- 3 Amethyste.

- ¼ Liter reiner Honig

- Romero.

- 1 neue Nähnadel

An einem Montag, zur Zeit des Mondes, schreibe auf die grüne Kerze das Symbol des Geldes ($), auf die weiße Kerze ein Pentagramm und auf die blaue Kerze das astrologische Symbol des Planeten Jupiter.

Bedecke sie dann mit Honig und bestreue sie mit Zimt und Rosmarin, in dieser Reihenfolge. Stelle sie dann in Form einer Pyramide auf, mit der grünen Kerze an der Spitze, der blauen Kerze auf der linken Seite und der weißen Kerze auf der rechten Seite. Lege neben jede Kerze einen Amethysten. Zünden Sie sie an und bitten Sie Ihre Geistführer oder Schutzengel um materiellen Wohlstand. Sie werden beeindruckende Ergebnisse sehen.

Pfeffer

Okkultisten haben mehr als einmal seine magischen Eigenschaften nachgewiesen.

Marokkanisches Ritual, um das Eindringen negativer Energien in Ihr Haus zu verhindern.

Sie benötigen:

- Kleine Gläser oder Tassen (je nach Anzahl der Fenster in Ihrer Wohnung)

- Gemahlener Pfeffer

- 1 weiße Kerze

- 1 grüne Kerze

- 1 gelbe Kerze

- 3 aktuelle Währungen

- 1 blaue Schleife

- 1 goldenes Band

Dieses Ritual sollte an einem Sonntag, Donnerstag oder Freitag durchgeführt werden, aber immer zur Zeit der Sonne.

Stäuben Sie den Pfeffer an den Türen Ihrer Wohnung ab, immer nach innen.

Verteilen Sie dann den restlichen Pfeffer in den kleinen Tassen oder Gläsern, die Sie in jedes der Fenster Ihres Hauses stellen werden. Als Nächstes stellen Sie die weiße Kerze in das Esszimmer und daneben die Münzen.

In der Küche stellen Sie die grüne Kerze auf, an die Sie das blaue Band binden, und schließlich die gelbe Kerze mit dem goldenen Band in Ihrem Schlafzimmer.

Während Sie die Kerzen anzünden, wiederholen Sie die folgenden Worte: "Ich taufe die Kraft des Pfeffers, um mein Haus durch diese Kerzen zu bewachen, damit die Geister, die mein Haus bewachen, kräftiger und stärker werden".

Tee

Tausende von Geschichten, Mythen und Ritualen wurden über den ältesten und am weitesten verbreiteten Aufguss der Welt erzählt. Alle Zauberer gestehen dem Tee magische Eigenschaften zu.

Arabisches Ritual zum Anziehen von mehr Geld.

Sie benötigen:

- 3 Esslöffel Tee

- 3 Esslöffel Thymianpflanze

- 1 Prise Muskatnuss

- 3 Kohlen

- 1 Metallkasserolle mit Griffen

- 1 kleine Truhe

Lege die Kohlen in den kleinen Topf, zünde sie an und füge die anderen Zutaten hinzu. Wenn das Feuer erloschen ist, gib die Reste in die kleine Truhe und bewahre sie elf Tage lang in deinem Zimmer auf. Dann vergrabe sie in einem Blumentopf oder im Garten. Dieses Ritual sollte an einem Donnerstag begonnen werden.

Zitrone

Dies ist ein sehr kraftvoller Zitrus Reiniger und Energie kanalisierter, der in vielen magischen Ritualen empfohlen wird.

Energetische Reinigung unseres Autos.

Sie benötigen:

- Zesten von drei Zitronenschalen

- Saft von drei Zitronen

- 1 Liter weißer Essig

- 7 Körner grobes Meersalz

- 1 weicher Schwamm

Führen Sie dieses Ritual immer an einem Freitag zur Stunde des Planeten Jupiter durch.

Die Zitronenschale und den Saft 10 Minuten lang in dem Essig kochen. Abseihen und abkühlen lassen. Dann mit dem Schwamm die Flüssigkeit von innen nach außen auf der linken und dann auf der rechten Seite durch das Auto gleiten lassen und umgekehrt.

Basilikum

Die magischen Eigenschaften der Basilikumblätter sind seit der Antike bekannt. Es wird in Bädern und Räucherstäbchen verwendet, um negative Energien abzuwehren und Wohlbefinden und Wohlstand zu fördern.

Heute wird es in bestimmten Gebieten Zentralafrikas als wesentliche Zutat zur Vertreibung böser Geister verwendet. Allein die Tatsache, dass wir einen Topf mit dieser Pflanze in unserem Haus haben, bringt uns gute Energien und wirtschaftlichen Wohlstand.

Basilikumbad für Wohlstand.

Sie müssen es an einem Freitag zur Stunde des Planeten Venus tun.

Basilikumblätter, Lorbeerblätter und drei Esslöffel Honig in einer Kasserolle aufkochen. Wenn es anfängt zu kochen, nehmen Sie es vom Feuer und lassen es abkühlen. Baden Sie sich mit diesem Aufguss und Sie werden feststellen, dass sich Ihre wirtschaftliche Situation erheblich verbessern wird.

Vollmond Wasser

Vollmondwasser ist wie Weihwasser für Hexen. Du kannst es für Rituale, Zaubersprüche, zur Verbesserung deiner magischen Fähigkeiten und zum Segnen verwenden. Mondwasser ist Wasser, das dem Licht des Vollmondes ausgesetzt ist. Auf diese Weise fängt es die Eigenschaften der Mondenergie ein und macht es uns leichter, es zur Stärkung unserer Rituale oder zur Reinigung unserer

Umgebung zu verwenden. Ich verwende es als Weihwasser; bei jedem Vollmond bereite ich es in einem großen Glasgefäß zu, lasse es die ganze Nacht offen im Licht des Vollmonds stehen, mit einem weißen Quarz darin, und sammle es vor Sonnenaufgang ein. Dem Mondwasser können ätherische Öle beigemischt werden, die seine Wirkung verstärken.

Amulette zum Anziehen der Gesundheit für jedes Tierkreiszeichen

In der Antike waren alle Talismane mit den zwölf Tierkreiszeichen oder den sieben bekannten Planeten verbunden.

Widder: *Erstes Pentagramm des Mars*

Stier: *Zweites Pentagramm der Venus*

Zwillinge: *Fünftes Merkur-Pentakel*

Krebs: *Viertes Pentagramm des Mondes*

Löwe: *Siebtes Pentagramm der Sonne*

Jungfrau: *Zweites Pentagramm von Merkur*

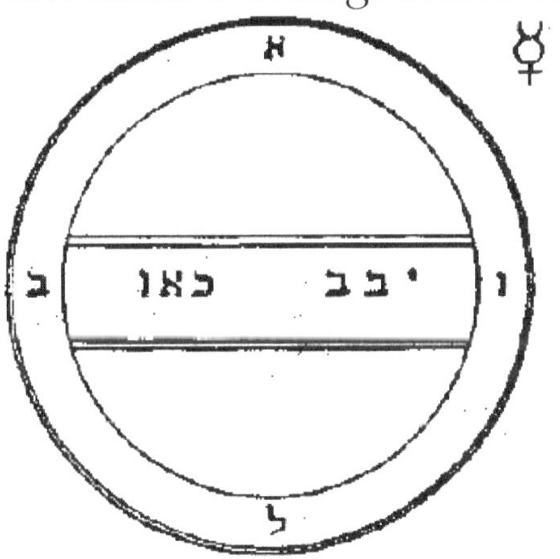

Waage: *Viertes Pentagramm der Venus*

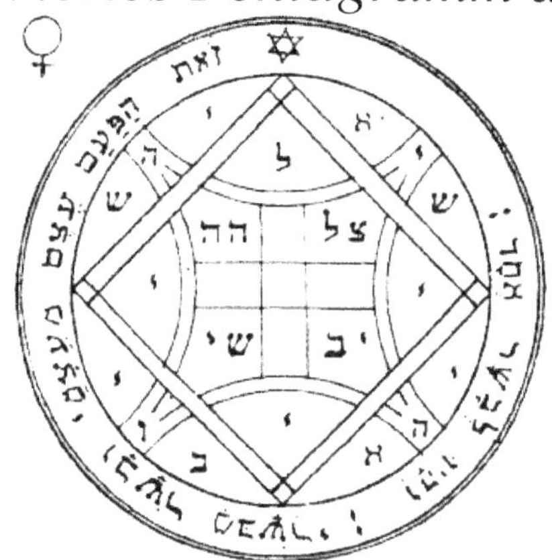

Skorpion: *Fünftes Pentagramm des Mars*

Schütze: *Viertes Pentagramm des Jupiters*

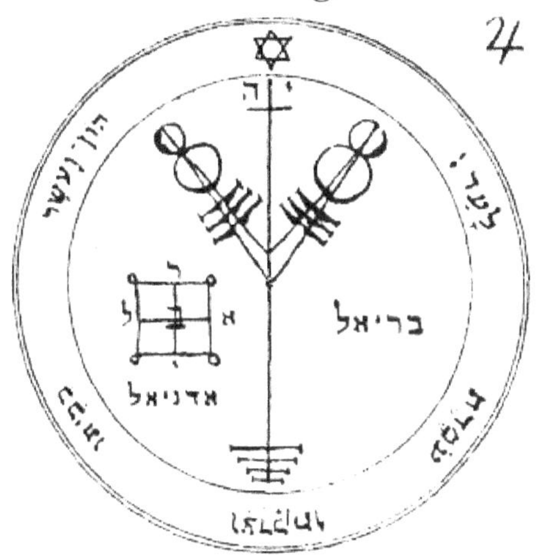

Steinbock: *Drittes Pentagramm von Saturn*

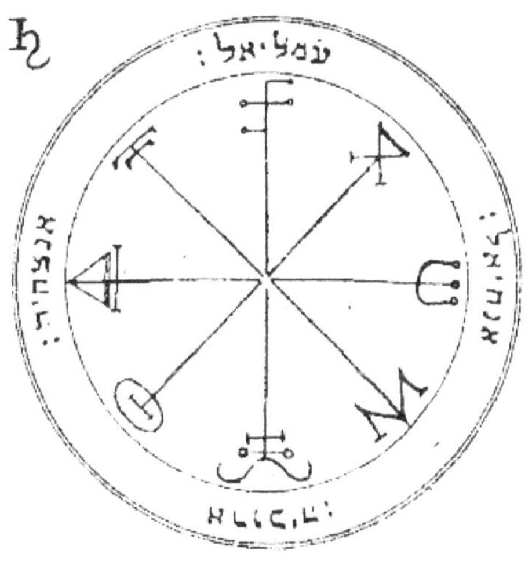

Wassermann: *Siebtes Pentagramm des Saturn*

Fische: *Zweites Pentagramm des Jupiters*

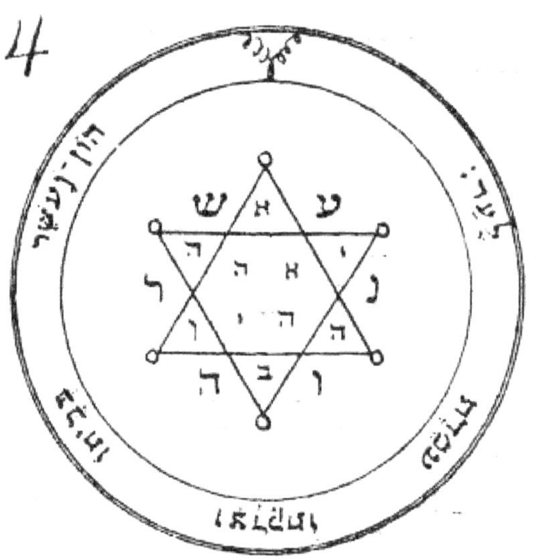

Über den Autor als

Zusätzlich zu ihren astrologischen Kenntnissen verfügt Alina Rubi über eine umfangreiche berufliche Ausbildung; sie hat Zertifizierungen in Psychologie, Hypnose, Reiki, bioenergetischer Kristallheilung, Engelsheilung, Traumdeutung und ist spirituelle Lehrerin. Rubi verfügt über Kenntnisse in Gemmologie, die sie nutzt, um Steine oder Mineralien zu programmieren und sie in kraftvolle Amulette oder Talismane des Schutzes zu verwandeln.

Rubi hat einen praktischen und ergebnisorientierten Charakter, der es ihr ermöglicht hat, eine besondere und integrierende Vision von mehreren Welten zu haben, die Lösungen für spezifische Probleme erleichtert. Alina schreibt die Monatshoroskope für die Website der American Asociation of Astrologers; Sie können sie unter www.astrologers.com lesen.

Derzeit schreibt er eine wöchentliche Kolumne in der Zeitung El Nuevo Herald über spirituelle Themen, die jeden Sonntag in digitaler Form und montags in gedruckter

Form erscheint. Er hat auch ein Programm und ein wöchentliches Horoskop auf dem YouTube-Kanal dieser Zeitung. Ihr Astrologisches Jahrbuch wird jedes Jahr in der Zeitung "Diario las Américas" in der Rubrik Rubi Astrologa veröffentlicht.

Rubi hat mehrere Artikel über Astrologie für die monatliche Publikation "Today's Astrologer" geschrieben und Kurse über Astrologie, Tarot, Handlesen, Kristallheilung und Esoterik gegeben. Auf ihrem YouTube-Kanal stellt sie wöchentlich Videos zu esoterischen Themen zur Verfügung: Rubi Astrologa. Sie hatte ihre eigene Astrologie Sendung, die täglich über Flamingo T.V. ausgestrahlt wurde, wurde von mehreren Fernseh- und Radiosendungen interviewt und veröffentlicht jedes Jahr ihr "Astrologisches Jahrbuch" mit dem Horoskop nach Sternzeichen und anderen interessanten mystischen Themen.

Sie ist Autorin der Bücher "Reis und Bohnen für die Seele" Teil I, II und III, einer Zusammenstellung von esoterischen Artikeln, die in Englisch, Spanisch, Französisch, Italienisch und Portugiesisch veröffentlicht wurden. "Geld für alle Taschen", "Liebe für alle Herzen", "Gesundheit für alle Körper", Astrologisches Jahrbuch 2021, Horoskop 2022, Rituale und Zaubersprüche für den Erfolg im Jahr 2022, Zaubersprüche und Geheimnisse, Astrologie Kurse, Rituale und Zaubersprüche 2024 und Chinesisches Horoskop 2024 sind in fünf Sprachen erhältlich: Englisch, Italienisch, Französisch, Japanisch und Deutsch.

Rubi spricht perfekt Englisch und Spanisch und kombiniert alle ihre Talente und Kenntnisse in ihren Lesungen. Sie wohnt derzeit in Miami, Florida.

*Weitere Informationen finden Sie auf der **Website** www.esoterismomagia.com.*

Alina A. Rubi ist die Tochter von Alina Rubi. Sie studiert derzeit Psychologie an der Florida International University.

Seit ihrer Kindheit interessiert sie sich für alle metaphysischen und esoterischen Themen und praktiziert Astrologie und Kabbala seit ihrem vierten Lebensjahr. Sie verfügt über Kenntnisse in Tarot, Reiki und Edelsteinkunde. Sie ist nicht nur Autorin, sondern zusammen mit ihrer Schwester Angeline A. Rubi auch die Herausgeberin aller von ihr und ihrer Mutter veröffentlichten Bücher.

*Für weitere Informationen kontaktieren Sie sie bitte per E-Mail: **rubiediciones29@gmail.com***

Literaturverzeichnis

Material aus den von den Autoren veröffentlichten Büchern "Liebe für alle Herzen", "Geld für alle Taschen" und "Gesundheit für alle Körper". Von einem der Autoren veröffentlichte Artikel im Diario Las Américas und im Nuevo Herald.

www.ingramcontent.com/pod-product-compliance
Lightning Source LLC
Chambersburg PA
CBHW060115120726
48003CB00009B/2642